D0827348

ŒUVRES DE MARCEL PAGNOL
dans Presses Pocket :

*Une première édition
de cet ouvrage parue
en 1978 aux Editions Julliard,
a été couronnée
par l'Académie française.*

ISBN 2-266-00938-9

Il était une fois...
Marcel Pagnol

par Raymond Castans

Julliard

5. Le temps des rêves fous (1940-1944)

6. Les honneurs et le bonheur

7. Les secrets et les passions

Choix de lettres

1. La naissance, l'enfance et l'adolescence

Marcel Pagnol aimait raconter qu'à la mi-février 1935, il avait reçu à Marseille, posté à La Ciotat, le télégramme suivant : « Comptons sur vous jeudi 28 pour fêter quarantième anniversaire. Amitiés. Louis Lumière. »

Pagnol avait été charmé de cette attention délicate et plus encore flatté de découvrir que le grand Louis Lumière, qu'il admirait tant, connaissait aussi sa date de naissance. A son arrivée chez l'inventeur célèbre, Pagnol avait trouvé Louis Gaumont. Il avait aussitôt compris sa méprise. Ce n'était pas le quarantième anniversaire de Marcel Pagnol qu'on fêtait, mais celui du cinéma. C'était ainsi : le 28 février 1895, le jour même où, à La Ciotat, sa mère ressentant les premières douleurs de l'enfantement avait voulu immédiatement partir pour Aubagne, dans la même petite ville des environs de Marseille, Louis Lumière projetait le premier film de cinéma.

« Le cinéma et moi sommes nés le même jour, au même endroit », rappelait Pagnol volontiers. Il y voyait, bien sûr, un signe.

Mais, parvenu aux faîtes des honneurs et de la réussite – reconnu partout comme l'un des maîtres du cinéma et alors que l'on croyait son œuvre achevée –, Marcel Pagnol – la soixantaine passée – publie ses *Souvenirs d'enfance*. On découvre alors que son inspiration, Pagnol l'a puisée toute sa vie dans les aventures de ses jeunes années, dans les rues qui sentent l'anis de l'exubérante Marseille ou sur ses quais bruyants dans l'odeur forte des épices apportées de l'autre bout du monde, à la table familiale en écoutant Joseph Pagnol son père, l'instituteur exemplaire, ou en fréquentant, sous les voûtes fraîches du vieux lycée Thiers, les grands maîtres classiques. Il l'a puisée surtout dans le souvenir de ses vacances enchantées, où il suivait les petits paysans de Provence – ses camarades – dans les collines de l'Etoile, aux heures où la canicule les embaume de ces mille parfums subtils qui montent à la tête et qui font rêver. Là, Pagnol, auteur dramatique, cinéaste, écrivain, a découvert une source qui ne s'est jamais tarie.

Le premier chapitre de cet album constitue la plus belle illustration de sa formule célèbre : *« L'Universel, on l'atteint en restant chez soi. »*

Sous le Garlaban

1. Le Garlaban. *« Je suis né dans la ville d'Aubagne sous le Garlaban... »* Ainsi commencent les *Souvenirs d'enfance* de Marcel Pagnol. Le Garlaban (715 mètres), situé au bord du massif de l'Aigle comme une tour de guet, domine les quelques kilomètres carrés de collines qui ont été littéralement et littérairement le territoire de Marcel Pagnol.

2. Buste de l'abbé Barthélemy par Houdon. De sa chambre natale, Pagnol avait gardé le souvenir du bruit très doux d'une fontaine : la fontaine Barthélemy – hommage à l'abbé Barthélemy, Aubagnais (bien que né à Cassis) et académicien français, auteur du *Voyage du jeune Anacharsis en Grèce* qui fut à l'origine de la passion que portèrent à la Grèce et à l'Orient les écrivains de la deuxième partie du XIXᵉ siècle et en particulier Chateaubriand. Le buste de Barthélemy se trouvait dans une niche au sommet de la fontaine.

3. Le cours Barthélemy à Aubagne. La photographie date de 1903. La maison natale de Marcel Pagnol – le numéro 16 – est située à droite au niveau du personnage assis sur le banc au fond.

1

2

J. J. BARTHELEMY,

Le Grand homme puisant aux sources étrangères,
Toute sa mobilité en paix ou travaux solitaires,
Au pied du Monument qu'il fit longús fuir
Il se repose enfin, sans voir ses adversaires
Or l'oeil fixé sur l'avenir.

De Fontanes.

10

3

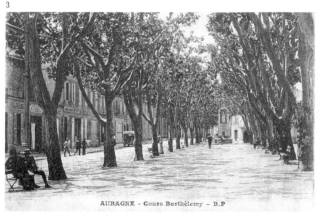

AUBAGNE - Cours Barthélemy - B.P

11

Les premières heures de la vie

1

1. A vingt-sept mois. C'est le 28 février 1895 que Marcel Pagnol naît à Aubagne à 5 heures et demie de l'après-midi. Son père avait eu le temps de finir sa classe et de courir jusque chez lui où l'on attendait l'événement depuis midi. Marcel Pagnol est photographié ici au mois de mai 1897.

2. Le carnet de la sage-femme, Mme Marie Négrel, diplômée de la Faculté de Médecine de Montpellier, installée à Aubagne. On y lit que le 28 février 1895 elle a aidé Mme Augustine Pagnol à mettre au monde un garçon. C'était, pour elle, le vingtième enfant de l'année. Elle avait reçu à titre d'honoraires 13 francs. Dans la troisième colonne, Mme Négrel inscrivait le montant de la prime que les parents lui donnaient généralement le jour du baptême de l'enfant qu'elle avait fait naître. Pour Augustine Pagnol cette colonne est restée blanche. Marcel Pagnol n'a pas été baptisé tout de suite. On sait la force des sentiments anticléricaux qui animaient son père, Joseph Pagnol.

2

The handwritten birth certificate document at the top shows:

Pagnol
Marcel Paul

41

RÉPUBLIQUE FRANÇAISE

Joseph André

Marié à MARSEILLE
avec Simonne Thérèse Félicité Collin

Le Maire

Marié à Malakoff
6 octobre 1945
Jacqueline Andrée BOUVIER

3. L'acte de naissance de Marcel Pagnol au bureau de l'état civil de la mairie d'Aubagne porte mention des deux mariages contractés par Marcel Pagnol, le premier, le 2 mars 1916 avec Simone-Thérèse-Félicité Collin, d'Aix-en-Provence où il était lui-même professeur. Les deux époux vécurent ensemble très peu de temps, mais le divorce ne fut prononcé qu'en 1941. En 1945, Marcel Pagnol épousait à Malakoff, Jacqueline Bouvier.

4. La maison natale. Au n° 16 du cours Barthélemy, les Pagnol louaient l'appartement du 3e étage. La dernière fenêtre à droite est celle de la chambre natale de l'écrivain.

La gloire
des grands-pères

1. Le grand-père maternel de Marcel Pagnol. Auguste Lansot, né à Coutances (Manche) vers 1845. Son tour de France de compagnon mécanicien de machines à vapeur l'avait amené à Marseille où il s'était fixé.

2. Le grand-père paternel. André Pagnol, tailleur de pierres né à Valréas (Vaucluse) était lui aussi compagnon du tour de France.

3. Compagnon passant tailleur de pierres en habit de cérémonie. André Pagnol a porté ce costume.

4. La mère des compagnons. Dans chaque ville, les compagnons, effectuant leur tour de France, étaient reçus nourris et logés à la « maison des compagnons », tenue par la « mère des compagnons ». André Pagnol avait eu une aventure avec « la mère » de Paris.

Mon grand Père paternel
André Pagnol-

2

...pagnon passant Tailleur de Pierre.

3

4

15

Joseph à l'Ecole normale d'Aix

1

1. Joseph Pagnol, le père de Marcel, à dix-sept ans. Elève à l'Ecole normale d'instituteurs d'Aix-en-Provence. André Pagnol, le grand-père, maître tailleur de pierres savait à peine lire et signer. Il avait souffert toute sa vie de ce manque d'instruction. Et, de ses six enfants, il avait fait des instituteurs. L'un d'eux, Adolphe, fut nommé instituteur à Aubagne après Joseph et dans la même école que lui.

2. L'Ecole normale d'Aix-en-Provence - Promotion 1886-87. C'était, écrit Marcel Pagnol, *« un de ces séminaires où l'étude de la théologie était remplacée par des cours d'anticléricalisme ».* Joseph est le premier debout à gauche.

2

a' Aix 1886-87

1

Joseph et Augustine Pagnol

1. Joseph l'instituteur. A sa sortie de l'Ecole normale d'instituteurs des Bouches-du-Rhône, Joseph Pagnol avait débuté dans l'enseignement par un stage de trois mois à Marseille dans un quartier populaire à l'école de la Cabucelle. Début 1889, il avait été nommé à Aubagne à l'école Lakanal, l'unique école de garçons de la ville. Il y assurait la cinquième classe, celle des tout-petits.

2. Augustine la couturière. C'est la mère de Marcel Pagnol, Augustine Lansot. Elle était ravissante. Elle exerçait la profession de couturière et elle n'avait pas dix-huit ans lorsqu'elle épousa Joseph Pagnol. C'était avant la nomination de Joseph à Aubagne. « *Je n'ai jamais su comment ils s'étaient connus,* écrit Marcel Pagnol, *car on ne parlait pas de ces choses-là à la maison.* » Après son mariage, Augustine Pagnol avait abandonné son métier de couturière.

P. Boujon
1906

68, Rue Sainte
MARSEILLE

1

La tante Rose,
L'oncle Jules
et le parc Borély

1. Le petit Marcel Pagnol à l'époque où, son père étant instituteur à Marseille à l'école de la rue des Chartreux, sa tante Rose, qui était la sœur aînée de sa mère, venait déjeuner à la maison tous les jeudis et tous les dimanches. L'après-midi, elle emmenait son jeune neveu jouer dans les allées du parc Borély.

2. Le parc Borély (en 1903). C'est le « parc de Saint-Cloud » des Marseillais, au bout du Prado. On y allait en tramway. C'était pour l'enfant un endroit merveilleux, un peu magique.

3. La tante Rose avait vingt-six ans quand un jour, gardant le petit Marcel au parc Borély, elle fit la connaissance d'un monsieur qui s'était assis sur leur banc habituel et qui lui fit la cour. La surveillance qu'exerçait la tante Rose sur son jeune neveu se relâcha un peu. Quelques mois après, la tante Rose épousait l'inconnu du banc qui devenait l'oncle Jules.

MARSEILLE. — Le Parc Borelly. — ZZ.

3

4. L'oncle Jules. Un des personnages importants des *Souvenirs d'enfance*. Il s'appelait en réalité Thomas Jaubert. Il était catalan. Les Pagnol et les Jaubert louèrent ensemble la maison de vacances de La Treille.

Les Pagnol s'installent à Marseille

1. Joseph Pagnol et sa classe en 1902. Joseph Pagnol était alors instituteur à l'école des Chartreux à Marseille.

2. La cour de l'école de la rue des Chartreux. Joseph Pagnol y enseignera jusqu'en 1912.

3. La famille Pagnol en 1904. Les Pagnol habitent à Marseille, rue Terrusse. Deux nouveaux enfants leur sont nés. Paul à Saint-Loup en 1898 et Germaine, la petite sœur, à Marseille. Le quatrième, René, naîtra en 1909. La même année, Augustine Pagnol meurt d'une congestion. Joseph Pagnol va alors abandonner l'enseignement public. Il donne des cours dans divers établissements d'enseignement privé de Marseille. Joseph Pagnol réintégrera l'enseignement public en 1918 et finira sa carrière au sommet de la hiérarchie comme directeur à l'école de la rue Sainte-Pauline, l'une des plus importantes de Marseille.

Le territoire de Marcel Pagnol

La carte des collines. *« L'Universel,* disait Marcel Pagnol, *on l'atteint en restant chez soi. »* Le « chez lui » de Pagnol, c'est au nord d'une ligne imaginaire Marseille-Aubagne, un quadrilatère de dix kilomètres sur quatre. Voici la carte de ce « territoire », en 1903, l'année où les Pagnol ont pour la première fois passé les vacances familiales à La Treille. C'est ici que les jeunes années de Pagnol courent dans la montagne. C'est ici que son inspiration poétique a puisé ses œuvres les plus belles, ici qu'il a retrouvé l'ombre des bergers de Virgile. C'est ici qu'il a poursuivi ses rêves les plus audacieux (la construction d'un Hollywood provençal), ou les plus fous (la découverte d'un lac souterrain). C'est ici qu'il a réalisé *Jofroi. Angèle,* dans le Vallon du Cuirassier. *Regain,* pour lequel il avait fait construire par son ami d'enfance

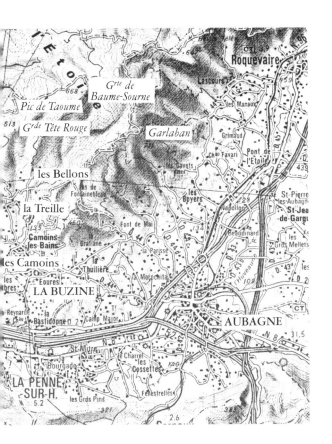

Marius Brouquier les ruines d'un village sur les barres de Saint-Esprit. C'est ici qu'il a situé l'action de *Manon des sources* et des deux volumes de *l'Eau des collines.* On retrouvera sur la carte les noms des lieux les plus familiers aux lecteurs des *Souvenirs d'enfance.* Le Château de la Buzine. Saint-Loup où Joseph Pagnol enseigna après avoir quitté Aubagne. La Barrasse. La Valentine. Les Quatre-Saisons. Les Camoins. Les Accates. Tête Rouge. Ruyssatel. Precatori. La Treille et Les Bellons où se trouvait la Bastide Neuve. Enfin, au nord-nord-ouest d'Aubagne, le Garlaban. Dix kilomètres sur quatre, c'est une surface qui paraît aujourd'hui dérisoire. Elle était immense en 1903 : on la parcourait à pied.

2

La découverte du tramway

1. Saint-Loup en 1905. On le voit, c'était la campagne. Joseph Pagnol y fut nommé instituteur en octobre 97 et en partit pour Marseille dans l'été 1901. C'est ici qu'on a inauguré en 1967, le lycée « Marcel Pagnol ». C'est pendant son séjour à Saint-Loup que Joseph Pagnol se promenant dans les collines avait découvert La Bastide Neuve.

2. Le tramway Marseille-Aubagne. La ligne fut inaugurée en 1905. Dans le document de la page représentant le cours Barthélemy à Aubagne, les pylônes-supports des fils électriques sont déjà en place mais les rails ne sont pas encore posés. Installé sur la plate-forme à côté du watman, écrit Pagnol *« je regardais les rails luisants qui avançaient vertigineusement vers nous. Je n'ai jamais retrouvé, sur les machines les plus modernes, cet orgueil triomphal d'être un petit homme vainqueur de l'espace et du temps...(1) »*

(1) Cf. Marcel Pagnol : *La Gloire de mon père.*

27

Le long chemin de La Treille

La Barrasse. Ce fut pour les Pagnol jusqu'en 1907 l'arrêt où ils devaient descendre. *« Le véhicule prodigieux qui nous rapprochait des collines ne nous y conduisait pas. Il fallait le quitter à La Barrasse et il continuait sa course folle vers Aubagne(1). »* Pour atteindre La Treille, la famille chargée de sacs à provisions, de paquets, entreprenait alors une marche longue et pénible, sous un soleil torride. On devait revenir vers Marseille, prendre le chemin vers la Valentine, puis tourner vers le carrefour des Quatre-Saisons. Jusqu'au jour où Joseph Pagnol rencontra son ancien élève d'Aubagne, Bouzigue, chargé de l'entretien du canal d'irrigation de l'endroit. Bouzigue détenait, à ce titre, les clés de ces propriétés. Il en donna un double à son ancien maître. En suivant le canal, les Pagnol économisaient plusieurs kilomètres de trajet.

En 1907, une nouvelle ligne de tramway les conduira jusqu'aux Camoins, beaucoup plus près de La Treille.

(1) Cf. Marcel Pagnol : *La Gloire de mon père.*

Allauch

La Bastide Neuve

Les Bellons

La treille

Les Accates

Les Camoins

Café

Carrefour des 4 saisons

La Valentine

château de la Buzine

château du notaire

château du Comte

château de la Belle au Bois dormant

⇦ vers Marseille ⇧ vers Aubagne ⇨

Arrêt de tramway de la Barasse

Carte de René Biosca

1

C'est le château
de ma mère

**1. Le château de la Buzine, le
« château de ma mère ».** Pendant qu'ils traversaient un domaine, en fraude, grâce à la clé que leur avait donnée le brave Bouzigue, les Pagnol avaient été surpris par le garde chargé d'en assurer la surveillance. L'affreux bonhomme les avait humiliés. Il avait inscrit leurs noms sur son carnet et les avait menacés des pires représailles. La frêle et inquiète Augustine Pagnol avait eu ce jour-là la plus grande frayeur de sa vie. Marcel Pagnol ne l'oublia jamais.

2. Le canal de Bouzigue. Quarante ans plus tard, Marcel Pagnol qui avait acheté le domaine de la Buzine par l'intermédiaire d'un marchand de biens, sans l'avoir visité, reconnut le canal que Bouzigue était chargé d'entretenir et découvrit ainsi qu'il était devenu propriétaire de *« l'affreux château, celui de la peur, de la peur de sa mère »*.

17 Septembre 1903 La Treille - 1226 - Vue de la Route   o d

Le village enchanté

1. Les Pagnol à La Treille. Joseph Pagnol, au centre, porte le pantalon et les guêtres des chasseurs des collines. Marcel est au sommet de l'ensemble. Germaine, la petite sœur, est à la droite du père. A sa gauche, le petit dernier René, et debout Paul, le futur chevrier des collines.

2. L'arrivée à La Treille. Les lecteurs de Pagnol savent que pour arriver à La Treille, la montée était rude. Et quand on était arrivé, il fallait monter encore pour arriver jusqu'à La Bastide Neuve.

3. La Bastide Neuve. « *Elle était neuve depuis long-temps.* » C'était une ancienne ferme en ruine, restaurée trente ans plus tôt. Tout autour un fouillis de végétation. « *Mais cette forêt vierge en miniature, je l'avais vue dans tous mes rêves (1)* ».

4. L'église de La Treille (1903)

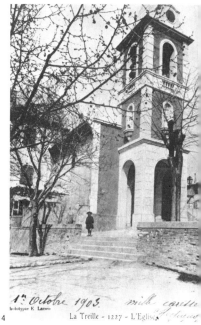

1ᵉ Octobre 1903.

La Treille - 1227 - L'Eglise

(1) Cf. Marcel Pagnol : *La Gloire de mon père.*

4

33

1

L'univers
des collines

2

1. Les collines. Les manuels
scientifiques les plus savants
rendent hommage à Marcel
Pagnol pour l'étendue et
l'exactitude des connaissan-
ces biologiques, botaniques
ou géologiques dont il fait
preuve dans ses *Souvenirs
d'enfance.* On n'y relève aucune erreur.

2. La Bartavelle. Variété de
perdrix européenne, qu'on ne
trouve qu'en Provence, en
Italie et en Grèce. Elle dé-
passe souvent 35 centimètres.
Alors que la gorge de la bartavelle porte une bavette

3

blanche, comme celle de la perdrix rouge, les bords de cette bavette sont d'un noir net chez la bartavelle et d'un noir fondu dans le haut de la poitrine chez la perdrix rouge. Enfin les plumes des flancs ont deux barres noires chez la bartavelle, une seule barre noire chez la perdrix rouge (1).

3. Les barres de Saint-Esprit. Pagnol devait y construire, plus tard, le village en ruine de *Regain.*

4. Le Vallon de Marcellin photographié depuis la ferme d'Angèle.

4

(1) Documentation et dessin du professeur Théron.

3

Je ne savais pas
que j'aimais Marseille

1. Le Pont Transbordeur et la Bonne Mère. *« Je ne savais pas que j'aimais Marseille, ville de marchands, de courtiers et de transitaires. »* C'est le Marseille des premières années de ce siècle dont parle Pagnol, un Marseille au sommet de sa prospérité. Les deux symboles en sont Notre-Dame-de-la-Garde et le Pont Transbordeur démoli en 1943 par les Allemands.

2. Le Vieux-Port en 1903. Tout ce peuple joyeux va inspirer à Pagnol son œuvre maîtresse : la trilogie *Marius-Fanny-César.*

3. Marcel Pagnol (à seize ans avec sa sœur Germaine (à gauche) et une petite cousine).

1

Les camarades du lycée Thiers

1. et 2. La classe de troisième du lycée Thiers. Pour la photographie de la classe, deux camarades se sont placés côte à côte. Marcel Pagnol, la casquette bien posée sur des che-veux bien peignés et Albert Cohen, futur auteur de *Mangeclous,* du *Livre de ma mère* et de *Belle du Seigneur,* futur Grand Prix du roman de l'Académie française, considéré comme l'un des plus grands écrivains contemporains.

3. Le palmarès de Première A. Pagnol Marcel d'Aubagne. 1er Accessit. Cohen Albert 8e Accessit.

4. La cour du lycée Thiers. C'est là que Marcel Pagnol a fait toutes ses études secondaires jusqu'en rhétorique supérieure. Edmond Rostand dont la gloire le faisait rêver y avait été élève quelques années plus tôt.

2

Composition Française

1er Prix.   ESTELLE, Monclar.
2.   AVIÉRINOS, Fernand, de Marseille.
1er Acc.   PAGNOL, Marcel, d'Aubagne.
2.   —   BOSC, Louis, de Marseille.
3.   —   PALAFER, Gabriel, de Marseille.
4.   —   DOU, Paul, de Marseille.
5.   —   MÉTRAL, Edouard, de Marseille.
6.   —   CÉZILLY, Marius, de Marseille.
7.   —   BETTINI, Théodore, de Marseille.
8.   —   (BARRIÈRE, Jean, de Gap.
ex æquo (COEN, Albert, de Corfou.

Version Latine

3

4

La dernière classe

1 et 2. Marcel Pagnol en rhétorique supérieure. C'est une photographie très émouvante : cette classe terminera son année scolaire au mois de juillet 1914, quelques jours à peine avant le début de la Grande Guerre. Sur les treize élèves, six seront tués au front. Marcel Pagnol, le premier à droite (assis) au deuxième rang, ne restera en khagne qu'une année. Il sera nommé l'année suivante répétiteur au lycée d'Aix-en-Provence. C'est cette année-là que Marcel Pagnol, avec quelques camarades passionnés comme lui de littérature, fondera *Fortunio,* une revue littéraire qui jouera un grand rôle dans sa carrière.

41

1

FORTVNIO
REVVE
LITTERAIRE
ARTISTIQVE
THEATRALE

→ SOMMAIRE ←

2

N° 1   1ᵉʳ Janvier 1924

FORTVNIO

REVUE BI-MENSUELLE

SOMMAIRE

Rédacteur-en-Chef-Gérant   *Directeur Littéraire*
   JEAN BALLARD   **MARCEL PAGNOL**

Bureaux :
10, Quai du Canal   Prix : 1 fr. 25
:: MARSEILLE ::

3

La naissance de **Fortunio**

1. *Fortunio* nᵒ 1. Créé par Marcel Pagnol, encore élève au lycée Thiers, *Fortunio,* revue littéraire, paraît pour la première fois le 10 février 1914. Douze pages. Prix 15 centimes. *Fortunio* cessera de paraître à la déclaration de guerre après avoir publié six numéros.

2. Arno-Charles Brun. Collaborateur de *Fortunio,* il se retrouvera, la guerre finie, vérificateur des douanes. C'est à lui que Pagnol empruntera le nom et la profession de son personnage de la trilogie : Monsieur Brun.

3. Fortunio nᵒ 1 de sa reparution. *Fortunio* renaît de ses cendres le 1ᵉʳ janvier 1921. *Fortunio* deviendra en octobre 1925, sous la direction de Jean Ballard, *les Cahiers du Sud,* l'une des revues de poésie les plus importantes de la littérature française. *Les Cahiers du Sud* paraîtront jusqu'en 1967.

4. Jean Ballard. Jean Ballard dirigera *les Cahiers du Sud* jusqu'à sa mort.

LOUIS BRAUQUIER   5

5. Louis Brauquier. Camarade de jeunesse de Marcel Pagnol, poète et passionné de voyages à l'autre bout du monde, c'est lui qui inspira à Pagnol le personnage de Marius. Dessin paru dans *Fortunio.*

1

2

220 — Marseille. - Plaine Saint-Michel.

44

Le Marseille de la rue et du port

1. La statue de Victor Gelu. « *Regarde-le comme il est beau,* dit César en parlant de Panisse, *on dirait la statue de Victor Gelu.* » Victor Gelu, le « Zola marseillais », est l'auteur de plusieurs romans naturalistes écrits en langue marseillaise. Sa statue se dressait tout près du Vieux-Port. Elle a disparu pendant l'Occupation.

2. La plaine Saint-Michel. Pagnol y a situé l'action de son roman *le Mariage de Peluque* publié en feuilleton dans *Fortunio* d'octobre 1923 à février 1924 et paru en librairie en 1929 sous le titre *Pirouettes*.

3. Le vrai Escartefigue. C'est le véritable nautonier du « ferriboîte ». Celui qui inspira à Pagnol son personnage de la trilogie.

Tarif des Consommations de l'Alcazar

LE JOUR ET AVANT LE CONCERT	fr.	c.	PENDANT LE CONCERT	fr.	c.	AUX GALERIES PENDANT LE CONCERT	fr.	c.
Biscuit	»	15	Biscuit	»	20	Biscuit	»	20
Café	»	25	Café	»	50	Café, cognac	»	75
Cognac, le petit verre	»	25	Bière, la petite bouteille	»	50	Bière, la petite bouteille	»	75
Absinthe	»	30	Absinthe	»	50	1/2 Glace	»	75
Vermouth	»	30	Vermouth	»	50	Limonade gazeuse, syphon	»	75
Eau sucrée	»	30	Eau sucrée	»	50	Soda, syphon	»	75
Bière, la petite bouteille	»	30	Sirop	»	50	Fruits confits à la liqueur	»	75
Thé	»	40	Fil en huit	»	50	Bavaroise	»	75
Vin chaud	»	40	1/2 Thé	»	50	Vin chaud à la française	»	75
Suissesse	»	40	Café, Cognac	»	75	Punch au rhum ou kirch	»	75
Punch au rhum ou kirch	»	50	1/2 Limonade gazeuse	»	75	Eau sucrée	»	75
1 2 Glace	»	50	Punch au rhum ou kirch	»	75	Thé	»	75
1 et 2 Limonade gazeuse	»	50	Vin chaud	»	75	Suissesse	»	75
Fruits confits	»	50	Liqueurs fines	»	75	Grog	»	75
Bavaroise	»	50	1/2 Glace	»	75	Orgeat	»	75
Orgeat	»	50	Fruits confits	»	75	Sirops assortis	»	75
Limonade au citron	»	50	Bavaroise	»	75	Limonade fraîche	»	75
Liqueurs fines	»	50	Limonade au citron	»	75	Liqueurs assorties	»	55
Grog	»	50	Orgeat	»	75	Glace	1	»
Soda	»	60	Grog	»	75	Bière, la bouteille	1	»
Bière, la bouteille	»	60	Suissesse	»	75	Sorbet	1	»
Limonade gazeuse	»	75	Thé	»	75			
			Limonade gazeuse	1	»			
			Soda	1	»			
			Glace	1	»			
			Bière, la bouteille	1	»			

L'éveil de la vocation dramatique

1. La salle de l'Alcazar.
C'est le grand music-hall de Marseille. Tous les grands de la chanson en ont été les pensionnaires. Marcel Pagnol y a applaudi aussi des revues marseillaises que jouaient Fortuné aîné et cadet, Mme Chabert, André Turcy, Alida Rouffe. « Ces revues continuaient une tradition millénaire, celle des atellanes latines d'une liberté et d'une verdeur de langage qui surprenaient les gens du Nord. Rien d'obscène cependant. Un ton de bonne humeur populaire et comme ensoleillée faisait tout passer. » « En écrivant Marius, dit Pagnol, j'avais dans l'oreille la voix des acteurs de l'Alcazar. »

2. Franck, directeur de l'Alcazar. C'est à lui que Marcel Pagnol fit lire la première version de *Marius* pour qu'il la joue à l'Alcazar. *« Ta pièce est un chef-d'œuvre,* lui dit Franck. *Tu dois la faire jouer à Paris et tu feras un triomphe. Je l'afficherai après. »*

2

3. L'entrée de l'Alcazar. Son hall dans le style nouille 1900 s'ouvrait cours Belzunce. Yves Montand et Gilbert Bécaud ont débuté ici devant le public le plus connaisseur, le plus exigeant, mais aussi le plus enthousiaste du monde.

3

Marcel PAGNOL

CATULLE

DRAME EN 4 ACTES
EN VERS

🎀

EDITIONS DE " FORTUNIO "
1, RUE VENTURE
MARSEILLE

Son rêve :
devenir Edmond Rostand

1. Catulle. C'est la première pièce écrite et publiée de Marcel Pagnol. Elle est écrite en vers, comme *Cyrano de Bergerac* et *l'Aiglon*. C'est que, si l'Alcazar avait fait naître chez le jeune Marcel Pagnol le goût du théâtre, il est probable que la gloire de son grand ancien du lycée Thiers, Edmond Rostand, ne fut pas non plus étrangère à sa vocation. Rostand avait conquis Paris en un soir avec *Cyrano*. Pagnol fera de même avec *Topaze*.

EDMOND
ROSTAND
1868-1918

RIM

3

2. Marcel Pagnol. A l'âge où il écrivait *Catulle*.

3. Edmond Rostand. Tous les jeunes Marseillais épris de littérature rêvaient de lui. Ce dessin de Carlo Rim parut dans *Fortunio* en 1929. Pagnol devait retrouver aussi le souvenir de Rostand au Château de la Buzine « Le château de ma mère » ; Rostand y avait séjourné à plusieurs reprises. C'est à la Buzine qu'il avait conçu *Chantecler*.

Son époque
« petit chose »

1. Pagnol professeur à Aix-en-Provence. Marcel Pagnol est debout à droite au dernier rang. Il a déjà été répétiteur au collège de Pamiers d'où il allait, chaque semaine, donner des cours à Mirepoix. Puis à Tarascon. Il est nommé au lycée d'Aix en 1918. Nommé à Marseille en 1920, il y restera jusqu'en juillet 1922. C'était un jeune professeur aux cheveux longs. Il portait la cape romantique et ses élèves lui avaient donné un surnom emprunté à la mythologie cinématographique : Judex. En 1923, Pagnol se retrouvera à Paris au lycée Condorcet où il enseignera l'anglais. Le changement lui avait été à peu près imposé. Les lycées de Paris sont d'ordinaire des postes de fin de carrière, mais en 1921, la guerre venait de se terminer. Il était difficile de se loger à Paris. Et les professeurs chevronnés refusaient les postes qu'on leur proposait dans la capitale. En 1928, après le succès de *Topaze,* Pagnol se fera mettre en congé sans traitement. Mais il ne démissionnera jamais de l'Université. Toute sa vie, il gardera de son passage dans l'enseignement un excellent souvenir.

2. Les vacances du petit pion (1919). Marcel Pagnol, répétiteur au lycée d'Aix, en vacances dans les collines. A droite, au premier rang, sa femme Simone.

3. Pagnol à Marseille en 1922. Dessin de Carlo Rim paru dans *Fortunio.* Carlo Rim, dont le père était rédacteur en chef du *Petit Provençal,* fera à Paris une grande carrière de dessinateur puis de scénariste, dialoguiste et metteur en scène de cinéma *(la Maison Bonnadieu, l'Armoire volante, etc.).*

2. Paris et le théâtre

Pourquoi Marcel Pagnol, à l'orée de sa carrière, choisit-il comme mode d'expression, le théâtre ? « *C'est,* disait-il quelquefois, *sur les conseils de Gaston Gallimard.* » Il lui avait apporté un premier roman rempli de dialogues que celui-ci avait trouvés brillants. « *Vous devriez,* lui avait dit le patron de la N.R.F., *écrire une pièce !* » C'est aussi, bien sûr, parce que Pagnol était, comme les gens de sa race, un parleur. C'est peut-être également parce que, jeune homme pauvre et souffrant de sa pauvreté, il savait que le théâtre, lorsqu'on y connaissait le succès, apportait la fortune. Il rêvait de Rostand, son grand ancien du lycée Thiers de Marseille.

Au théâtre, Marcel Pagnol fait une carrière éblouissante mais très courte, stoppée aussitôt par la naissance du cinéma parlant. Cinq pièces. Son théâtre n'en présente pas moins un double aspect. *Les Marchands de gloire, Jazz* ou *Topaze* restent dans la tradition du théâtre satirique bourgeois, le théâtre de Becque ou de Mirbeau. Seulement voilà : *Topaze* est un chef-d'œuvre. *Topaze* va être joué mille fois à Paris, traduit aussitôt dans toutes les langues et affiché dans toutes les capitales.

Ce triomphe va permettre à Marcel Pagnol de nous donner « son » théâtre. Un théâtre nouveau qui n'est plus le théâtre des princes ou des bourgeois, mais le théâtre des gens du peuple, un théâtre où tous les personnages ont un métier. Ce théâtre qui est une véritable révolution commence avec *Marius.* Avec *Marius,* la voie qui mène au néo-réalisme est déjà ouverte.

Le soir de la générale de *Marius,* quand, les bravos calmés, Raimu annonça : « *La pièce que nous venons de répéter ce soir devant vous pour la dernière fois est de Marcel Pagnol* », toute une série de personnages nouveaux venaient de naître. César, Marius, Escartefigue, M. Brun, Panisse, Honorine, Fanny, qui allaient rejoindre dans notre mythologie familière Panurge, Scapin, Polichinelle, M. Jourdain, Figaro. A chacun de nous, il venait de donner des cousins de Marseille. « *Je connais mieux leur vie,* disait Marcel Achard, *que celle de mon oncle Joseph.* »

Marcel Pagnol avait écrit dans *Catulle :*

> « *J'ai vécu loin de Rome et ma gloire est bien mince*
> *Mais j'apporte mon cœur du fond de ma province.* »

Ce n'est pas seulement son cœur qu'il a apporté de sa province. C'est le cœur de sa province. Et il l'a apporté au monde entier.

Ses premiers pas d'auteur dramatique

1. Paul Nivoix. C'est en collaboration avec Paul Nivoix, qu'il avait connu à Marseille, que Marcel Pagnol écrit ses premières pièces : *Tonton,* un vaudeville, *Direct au cœur,* une comédie et enfin *les Marchands de gloire.* Après quoi, les deux collaborateurs se séparèrent, chacun des deux continuant seul son œuvre.

2. L'affiche des *Marchands de gloire.* Pièce satirique dénonçant les profiteurs qui, la paix revenue, utilisaient en politique ou dans les affaires la gloire des morts de la guerre, elle avait été créée au théâtre de la Madeleine, le 25 avril 1926. Elle reçut de la critique un excellent accueil. On évoqua Becque. Mais le public ne vint pas. On ne donna que treize représentations.

3. André Antoine régnait en maître sur le théâtre des années 20. Il fut l'un des premiers à découvrir le talent de Pagnol. C'est à lui que Pagnol a dédié *Topaze.*

4. La création des *Marchands de gloire.* C'est la grande scène finale. De gauche à droite : Yvonne Bachelet (Suzy Prim), Henri Bachelet (Pierre Renoir) Richebon, Berlureau (André Berley) et de l'autre côté du portrait du héros, Lieuville, Bachelet (Constant Rémy) et le commandant.

THÉÂTRE de la MADELEINE

19, Rue de Surène — à 50 mètres de la Madeleine — Tél. Elysées 86-25

TOUS LES SOIRS, à 8 h. 30

LES

MARCHANDS

DE

GLOIRE

Pièce en 4 actes et un Prologue

DE MM. MARCEL PAGNOL ET PAUL NIVOIX

Mise en scène de M. SIGNORET

DIMANCHES ET FÊTES, MATINÉE A 2 H. 30

2

M. ANTOINE

3

La rencontre
avec Orane Demazis
chez Dullin

1. Orane Demazis avec Dullin. En 1925, Marcel Pagnol rencontrait celle qui allait jouer le premier rôle dans sa vie et dans son œuvre pendant près de quinze ans. Elle lui donnera un fils. Elle s'appelle Orane Demazis. Elle est comédienne à l'Atelier. On la voit ici répétant aux côtés de Charles Dullin. Elle s'était composé son prénom avec le nom de sa ville natale : Oran. Pagnol lui confie le premier rôle féminin de *Jazz*.

2. Orane Demazis dans *la Petite Lumière et l'Ourse*, comédie d'Alexandre Arnoux.

3. L'affiche de *Jazz* (1926). *Jazz* met en scène le drame d'un professeur de l'Université, Blaise, grand érudit qui a sacrifié sa vie pour étudier un manuscrit ancien d'une importance capitale et qui, devenu vieux, découvre qu'il s'agit d'un faux.

4. Harry Baur. Il créa le rôle de Blaise, le vieux professeur.

5. Harry Baur et Orane Demazis. C'est la dernière scène de l'acte III.

57

André Lefaur crée Topaze aux Variétés

1. André Lefaur, le créateur de Topaze. « *Il était un peu vieux pour le rôle,* disait Pagnol, *mais un Topaze de vingt-cinq ans n'aurait pas eu l'expérience suffisante pour porter un rôle aussi lourd.* »

2. L'affiche de *Topaze*. Pagnol avait choisi ce nom *Topaze* pour faire pendant à Tamise, l'autre pion de la pension Muche.

3. Pauley, créateur de Castel-Bénac. Il faisait partie de la troupe fixe des Variétés. Cette photo, comme celles de Larquey, de Lefaur et de Max Maurey, est extraite du programme de *Topaze* lors de la création.

4. Jeanne Provost. Lefaur, qui était un peu misogyne, disait d'elle : « *C'est une des rares comédiennes qui savent prendre l'air de comprendre ce qu'on leur dit et même ce qu'elles disent* ».

5. Marcel Pagnol par Rip. Rip, le célèbre auteur de revues, était un excellent dessinateur.

6. Pierre Larquey. Il était marchand de jouets. On l'avait engagé pour doubler le personnage de Tamise. Il le créa avec un immense succès.

M. Marcel PAGNOL.   5

6

Raimu et
Pierre Fresnay
créent **Marius**

1. L'affiche de *Marius*.
Marius fut créé le 9 mars 1929.
Quand on regarde cette affiche, on s'aperçoit que Pagnol a trouvé dès *Marius* tous les interprètes, Raimu, Charpin, Alida Rouffe, Orane Demazis, Dullac. Maupi, à qui il fera appel tout au long de sa carrière triomphale, écrivant pour eux des rôles sur mesure.

1

2. Marius-Panisse. Avec *Marius,* Pagnol considérait qu'il avait écrit une comédie sur le canevas classique de la jeune fille que se disputent un jeune homme et un barbon – et dont les illustrations les plus brillantes sont *l'Ecole des femmes* de Molière et *le Barbier de Séville* de Beaumarchais. Panisse était pour lui le personnage important. César était un second rôle. L'immense talent de Raimu, son poids énorme firent basculer l'équilibre de la pièce. Et sa ligne. *Marius* devint grâce à lui la pièce du « père et du fils ».

2

3. Raimu et Pagnol en 1930.
Photo prise dans la loge de
Raimu au Théâtre de Paris.
Raimu était le plus grand ac-
teur de son époque.

On crée Fanny
avec Harry Baur

1. L'affiche de Fanny. *Fanny* a été créée sur la même scène que *Marius,* au Théâtre de Paris, le 5 décembre 1931. Bouleversement considérable : ce n'est pas Raimu, fâché avec le directeur du Théâtre Léon Volterra qui joue César. C'est Harry Baur qui avait créé *Jazz* et savait prendre l'accent de Marseille – il y avait vécu. Alida Rouffe avait été victime d'un accident de chemin de fer et c'était une autre comédienne de l'Alcazar qui jouait son rôle : Mme Chabert.

2

2. Le retour de Marius (acte III, dernière scène). Le rôle de Marius dans *Fanny* est assez court. Il fut créé par Berval, jeune premier de l'Alcazar de Marseille.

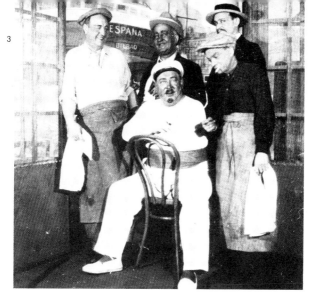

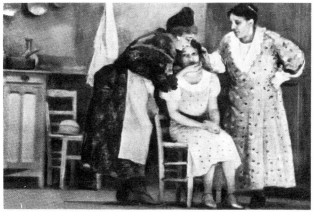

3. Les amis du Bar de la Marine. César, Panisse, M. Brun, Escartefigue et le chauffeur : Harry Baur excepté, tous, Charpin, Vattier, Dullac et Maupi, avaient joué *Marius* huit cents fois.

4. Honorine, Fanny et Milly Mathis. C'est à Orane Demazis que Marcel Pagnol a dédié *Fanny.* Milly Mathis (on ne sait pas pourquoi elle ne figure pas sur l'affiche) jouant la tante Claudine, entrait à son tour dans la troupe de Pagnol qu'elle ne quittera plus.

3. Le cinéma se met à parler

Un soir de 1929, dans un restaurant de la rue Blanche, voisin du Théâtre de Paris qui affichait *Marius,* Pagnol voit entrer Pierre Blanchar. Ils étaient très amis. Pierre Blanchar revenait de Londres, tout excité. « *J'ai vu là-bas,* dit-il à Pagnol, *quelque chose d'admirable et d'extraordinaire : un film parlant.* » Marcel Pagnol, surmontant sa phobie viscérale des voyages en bateau, fit le voyage à Londres – à la découverte de la nouvelle machine magique. Subjugué par ce qu'il avait vu et qui dépassait tout ce qu'il avait imaginé, il comprit tout de suite que l'art dramatique était à la veille d'une véritable révolution, que tout allait recommèncer, qu'il vivait les premiers jours d'une ère nouvelle. Le cinéma parlant offrait aux auteurs dramatiques un moyen d'expression aux possibilités fabuleuses.

Quelques mois plus tard, pour répondre à la formidable demande de films parlants, venue des salles qui, dans le monde entier, s'équipaient en appareils nouveaux, l'une des firmes les plus importantes de Hollywood, la Paramount, installe à Paris une unité de production – à l'américaine – avec des studios à Joinville, avec des metteurs en scène venus d'Amérique, des scénaristes, des auteurs engagés au mois, organisés en cellules de travail et interchangeables. Le directeur américain, Robert T. Kane, achète aussitôt à Pagnol les droits cinématographiques de *Marius* et de *Topaze. Marius* est tourné en 1931, *Topaze* en 1932. L'un et l'autre avaient terminé leur carrière au théâtre.

« *Le cinéma parlant a probablement sauvé la force créative de Pagnol,* expliquait son ami Marcel Achard. *Le triomphe est un calvaire. Imaginez. Mille représentations de* Topaze ! *Mille représentations de* Marius ! *Mille représentations de* Fanny ! *Marcel n'aurait plus osé prendre son porte-plume. Comme Edmond Rostand, qui après* Cyrano *mit cinq ans pour faire* l'Aiglon, *dix ans pour faire* Chantecler. *Grâce au cinéma nouveau, Pagnol, passionné, se décide à écrire sur pellicule. Et pour notre plaisir à tous il continuera son œuvre.* »

De **MARCEL PAGNOL** *C'est un film Paramount*

Alexandre Korda tourne **Marius** *avec ses créateurs*

1. Le programme de *Marius*. La Paramount avait, en même temps que ses studios, créé à Paris sur les Grands Boulevards la salle de cinéma qui a gardé son nom. Pagnol était si célèbre que c'est son visage – et non pas celui de Raimu ni celui de Pierre Fresnay – qui figure sur la couverture.

2. Les auteurs de *Marius* au cinéma. La photo a été prise aux Studios de Joinville. A la droite de Marcel Pagnol, Alexandra Korda, metteur en scène hongrois qui avait appris son métier à Hollywood, et qui plus tard s'installera à Londres, se fera naturaliser anglais et deviendra un des plus grands metteurs en scène des îles Britanniques. Marcel Pagnol a dit toute sa vie, à propos de Korda : « *Il m'a tout appris* ».

3. La première du film *Marius* au cinéma Paramount fut un véritable triomphe. Le soir même Raimu invitait Marcel Pagnol et Orane Demazis à dîner dans un restaurant marseillais célèbre à l'époque, « Chez Nine », spécialiste renommée de la bouillabaisse.

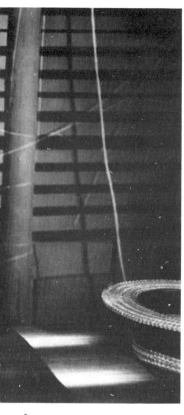

Ils deviennent, grâce au cinéma, des héros nationaux

1. Marius et Fanny sont les héros de la trilogie. Marius a 22 ans. Il est « *pensif et gai* ». Fanny a 18 ans. Dans *Marius,* comme partout, les amoureux sont seuls au monde.

2. La partie de cartes. Elle avait eu au théâtre un immense succès. Il en fut de même au cinéma. Elle connut encore un troisième succès. En reportant sur cire la bande sonore de la scène, on édita un disque double face de la *partie de cartes* qui fut vendu à plusieurs centaines de milliers d'exemplaires.

3. La terrasse du Bar de la Marine. C'est le lieu de l'action. Le Bar de la Marine se trouvait sur le quai latéral gauche du Vieux-Port. De gauche à droite, Panisse (Charpin), M. Brun (Robert Vattier), César (Raimu), Marius (Pierre Fresnay) et Fanny (Orane Demazis).

3

1

2

de MARCEL **PAGNOL**   C'est un Film Paramount

3

On tourne Topaze avec Jouvet

1. Topaze (Jouvet) dans sa classe.

2. Les auteurs de la Paramount. Réunis au cours d'une réception autour de M. Berthod qui était alors ministre, l'équipe des auteurs salariés, recrutés par la grande firme américaine. De gauche à droite, de dos Pierre Benoit (*la Châtelaine du Liban, Koenigs-*

mark, l'Atlantide), Marcel Pagnol, le prince Bibesco, ami de Proust, M. Berthod, Tristan Bernard (*Triplepatte, le Costaud des Epinettes, le Petit Café*) et Alfred Savoir (*Banco, la Huitième Femme de Barbe-Bleue*) qui était le chef du service des scénarios.

3. Le programme de *Topaze*. Le film – tiré de la pièce de Marcel Pagnol - fut représenté pour la première fois au Cinéma Paramount le 10 janvier 1933.

1

2

3

Retour de
Raimu
dans **Fanny** *au cinéma*

1. On tourne *Fanny* (1932). En studio à Joinville, près de Paris. En extérieurs à Marseille. Cette fois Marcel Pagnol produit le film associé à un compatriote marseillais, lui aussi fasciné par le cinéma, Richebé. Pagnol est ici avec Orane Demazis et Pierre Fresnay.

2. Avec Marc Allégret. C'est Marc Allégret, ici à droite de Pagnol, qui met en scène *Fanny* au cinéma. Marc Allégret avait débuté au cinéma en réalisant *le Blanc et le Noir* de Sacha Guitry avec Raimu.

3. La troupe retrouvée. Comme Pierre Fresnay qui a repris le rôle de Marius, Raimu et Alida Rouffe ont retrouvé au cinéma les rôles de César et d'Honorine qu'ils avaient créés. Mais pour le rôle d'Escartefigue, on a dû remplacer Dullac tombé malade au dernier moment par Mouries.

1

Les retrouvailles avec Marseille

1. Pagnol avec Charpin. Fernand Charpin fut pendant toute sa carrière un pensionnaire fidèle de Pagnol.

2. Fanny à Notre-Dame-de-la-Garde. On aperçoit derrière elle tout le paysage de Marseille et le Vieux-Port.

4. La grande époque

1933 est une date clé dans la vie et la carrière de Marcel Pagnol. Le public a réservé un accueil triomphal aux films tirés de *Marius* et de *Fanny.* Aussitôt une cabale d'une violence inouïe l'a pris pour cible. Elle regroupe tous les exégètes, tous les critiques, tous les réalisateurs nostalgiques du cinéma muet condamné par la révolution du « parlant », révolution dont Pagnol est le génie malfaisant. Aucune injure n'est trop basse contre lui.

Pour répondre à ces attaques, Marcel Pagnol lance un magazine, *les Cahiers du film,* dans lequel il écrit « sa vérité ». Avec le solide bon sens qui a toujours été une de ses forces, il affirme – ce qui rend furieux ses adversaires – d'abord que le cinéma muet était un infirme et que le cinéma parlant l'a tué définitivement, ensuite que le cinéma parlant doit parler et que, de toute façon, ce n'est pas un art mais un moyen d'expression avec lequel on peut en effet réaliser des œuvres d'art. Jean Renoir et Sacha Guitry viendront bientôt se ranger à ses côtés dans son combat.

En 1933, Marcel Pagnol – c'est le premier auteur qui a cette audace – fonde sa maison de production, « les Auteurs Associés », formule inspirée par les « Artistes Associés » que viennent de créer à Hollywood Chaplin, Douglas Fairbanks et Mary Pickford. En 1934 « les Auteurs Associés » deviennent « les Films Marcel Pagnol ». C'est décidé, Pagnol a choisi définitivement le cinéma.

En 1939, quand la guerre éclatera, Marcel Pagnol aura sa maison de production, ses studios, ses ateliers de décor, ses laboratoires, son équipe technique engagée au mois, ses salles de montage, ses salles de projection. Il aura sa maison de distribution, des agences dans toutes les grandes villes. Il aura tourné *Regain, César, Angèle, le Schpountz, la Femme du boulanger,* etc. Il n'aura gagné à sa cause ni les critiques ni les beaux esprits du cinéma pour qui il reste toujours le « Monsieur Jourdain du cinéma ». Aucun de ses films n'a jamais eu le moindre prix dans aucun festival. Mais ils ont été joués devant des foules enthousiastes. Et on continuera de les jouer partout et toujours. On les joue encore aujourd'hui avec le même succès. Il a fait fortune. Il est le maître absolu de son destin cinématographique.

C'est un cas unique dans l'histoire du cinéma mondial.

Pagnol fait ses gammes de metteur en scène

1. Pagnol metteur en scène.
Le premier film mis en scène par Marcel Pagnol était tiré de la pièce d'Emile Augier et Jules Sandeau, *le Gendre de Monsieur Poirier,* comédie de satire sociale, comme *Topaze.* On voit ici Pagnol écoutant les explications de Jean Debucourt qui était à la fois l'interprète du film et son directeur artistique.

2. *Le Gendre de Monsieur Poirier* (1933). Jean Debucourt joue le marquis Gaston de Presles et Annie Ducaux, Antoinette Poirier.

3. Le moulin d'Ignières. Pagnol avait acheté le moulin d'Ignières dans la Sarthe. C'est là qu'il a tourné *le Gendre de Monsieur Poirier.*

1

2

3

Jipé

Le retour aux collines : **Jofroi**

1

2

3. Pagnol par Toë. Toë dessinateur et caricaturiste de grand talent était aussi chargé de la publicité des films Pagnol.

1. et 2. Pagnol et Scotto tournent *Jofroi* (1933). Pour son deuxième film, Marcel Pagnol décide que le tournage se fera entièrement en décors naturels – et choisit le village qu'il connaît le mieux : celui de ses vacances d'enfant, La Treille. Il y tourne *Jofroi,* adaptation d'une nouvelle *Jofroi de la Maussan* de Jean Giono à qui il empruntera les sujets d'*Angèle,* de *Regain* et de *la Femme du boulanger.* Pour le rôle principal, celui du paysan têtu qui a vendu son verger mais qui ne veut pas qu'on en arrache les arbres, même « *s'ils ne font plus de fruits* », Pagnol a choisi Vincent Scotto. Vincent Scotto, Marseillais lui aussi, a été dans l'entre-deux-guerres, le premier compositeur français de chansons et d'opérettes. Il avait composé la musique de *Fanny.* Sa création de Jofroi lui vaudra – pour le seul film qu'il ait tourné – un grand prix d'interprétation de la critique new-yorkaise.

1

2

Pagnol tourne **Angèle**
d'après Giono

1. Marcel Pagnol engage Fernandel pour la première fois en 1934 pour lui faire jouer, dans *Angèle,* d'après Giono, le personnage de Saturnin, pupille de l'Assistance publique et valet de ferme un peu simplet qui aime d'un amour impossible Angèle, la fille de ses maîtres, et qui ira jusqu'au meurtre pour la délivrer du mauvais garçon qui l'oblige à se prostituer. Fernandel a trente et un ans. Il vient du music-hall.

2. Saturnin a ramené Angèle à la ferme, mais le maître de la ferme, fou de honte, séquestre sa « fille perdue » et son bébé dans la cave. Avant *Angèle,* Fernandel avait tourné surtout des vaudevilles militaires. Le lendemain de la première d'*Angèle,* la presse unanime saluait en Fernandel un comédien sublime, l'égal des plus grands.

HOTEL
DU LUXEMBOURG
NIMES

ROBERT TRAMU
DIRECTEUR-PROPRIÉTAIRE

TÉLÉPHONE : 22-75

NIMES, LE 19 novembre 1934
CENTRE D'EXCURSIONS

Mon Cher Pagnol,

Je reçois aujourd'hui seulement votre amicale adressée au Palace d'Avignon, et je m'empresse d'y répondre.

Je suis autant navré que vous d'être obligé, vu le contrat que j'ai signé, de ne pouvoir plus faire partie pour une durée de deux ans de votre équipe car j'ai emporté du film Angèle et de vous surtout un excellent souvenir, j'aurais aimé continuer à tourner pour votre production, qui je ne crains pas de le dire bien haut, à tous et à toutes, marque une nouvelle époque dans le Cinéma, malgré ma bonne volonté je ne le puis, les contrats sont là et je dois les respecter. Je ne vous propose pas d'écrire à mon producteur Monsieur Glamy car je suis certain qu'il vous refuserait.

Laissez moi vous dire la joie que j'ai éprouvé devant le succès d'Angèle et si ma création de Saturnin vous a donnée pleine satisfaction, c'est à votre dialogue que je le dois, je ne l'oublierai pas et à la fin de mon contrat je serai des vôtres et Croyez, Mon Cher Ami, à mon amitié sincère.

Fernand

Colisée Nîmes
jusqu'au 21 courant
Apollo Bordeaux
le courant

3

3. Lettre de Fernandel écrite à Nîmes. Elle prouve que, dès son premier film avec Marcel Pagnol, Fernandel avait compris ce que beaucoup de critiques niaient, le souffle nouveau que l'auteur de *Topaze* apportait au cinéma.

83

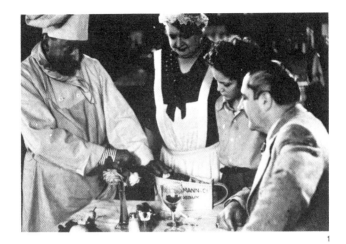

1

Cigalon *et* Merlusse

2

1. *Cigalon* (1935). C'est
l'histoire d'un cuisinier si fier
de son talent qu'il se refuse à
préparer des plats pour des
clients incapables d'en appré-
cier la qualité exceptionnelle.
Pagnol confia le rôle de Cigalon à Arnaudy. *Cigalon* fut
tourné entièrement à La
Treille comme *Jofroi.* Henri
Poupon et Alida Rouffe fai-
saient partie de la distribution.

2. et 3. Poupon dans *Merlusse.* Merlusse est un vieux
pion de lycée dont la laideur
terrorise les élèves. Chargé de
surveiller les quelques dés-
hérités qui couchent au dor-
toir la nuit du 24 décembre,
Merlusse joue les Pères Noël.
Ce conte merveilleux, Pagnol
le tourne en 1935 au lycée
Thiers de Marseille où il a été
élève. Merlusse sera pour
Henri Poupon l'occasion
d'une création inoubliable.

1   2

Raimu

dans

film de MARCEL PAGNOL

César,
*le grand finale de la
trilogie*

**1. Avec Pierre Fresnay et
Raimu.** En 1936, à Marseille
pendant les prises de vues de
César.

2. César par Toë. Affiche du
film. Dans sa carrière trop
brève, Raimu interprétera les
personnages les plus fameux,
le capitaine Hurluret de
Courteline, Tartarin de Daudet, les héros de Marcel
Achard, Gribouille ou Noix
de Coco, le colonel Chabert

d'après Balzac ou l'éternel mari de Dostoïevski. Mais son personnage numéro 1 restera César et pour toujours. Les exemples sont rares dans l'histoire de l'art dramatique d'un comédien et d'un personnage à ce point mêlés l'un à l'autre dans l'esprit du public. La raison de ce phénomène c'est que, à partir de *Marius,* Pagnol a écrit le rôle de César d'après Raimu lui-même, en l'observant, en l'écoutant. Il lui a donné ses reparties, ses tics. Il ne pouvait pas trouver de meilleur modèle. César est aussi, pour le grand public, le grand personnage de l'œuvre de Pagnol.

3. Pagnol et Delmont. Dans *Marius,* Delmont jouait le rôle du second-maître de la *Malaisie.* C'est lui qui fait partir Marius. Dans *Fanny* et *César,* il devient le docteur Venelle. C'est lui qui fait accoucher Fanny. C'est lui qui soigne Panisse, malade.

3

Regain : *Pagnol fait renaître le village de Giono*

1. Pagnol et Giono, en 1937, pendant les prises de vues de *Regain.* Giono vient de publier *le Chant du monde, Que ma joie demeure* et *les Vraies Richesses.*

2. L'église d'Aubignane. Aubignane (Aubagne enrichi de trois lettres) c'est le village de *Regain* qui meurt et qui renaît. Pour tourner *Regain,* Pagnol a fait construire un village en ruine sur les barres de Saint-Esprit qui dominent La Treille. Une équipe de carriers et de maçons a été engagée sur place. Le maître d'œuvre, c'est Marius Brouquier, artisan maçon à La Treille, un camarade d'enfance de Pagnol pendant ses vacances dans les collines.

3. Avec Fernandel. Pour *Regain,* Pagnol a pu engager de nouveau Fernandel à qui il confie le rôle de Gédémus, le rémouleur ambulant. Fernandel est encadré ici des deux gendarmes Le Vigan et Rivers Cadet.

3

89

1

Le Schpountz
*ou la noblesse
du comique*

2

1. Le premier tour de manivelle (1937). Comme il y a l'idiot du village, il y a l'idiot du studio. C'est le Schpountz. Depuis le premier jour où il était entré dans le monde pittoresque du cinéma, Pagnol voulait tourner un Topaze du cinéma.

2. Le Schpountz. Fernandel. Affiche de Toë.

3. Cousine est le photographe de plateau du film. Pierre Brasseur, en vacances, s'était amusé à jouer le rôle.

4. Avec l'oncle épicier. Fernandel et Charpin. C'est dans *le Schpountz* que Marcel Pagnol a placé sa tirade fameuse sur la noblesse du comique : « *Le rire c'est une chose humaine... une vertu qui n'appartient qu'aux hommes et que Dieu, peut-être, leur a donnée pour les consoler d'être intelligents.* »

3

4

1

La Femme du boulanger

2

1. Pagnol et l'équipe. C'est Robert Vattier qui joue le curé du village.

2. Pagnol tourne les extérieurs. *La Femme du boulanger* – d'après *Jean Le Bleu* de Giono – fut tourné en 1937 au Castellet, petit village près de Toulon.

3. Le boulanger et ses malheurs. Autour du boulanger et de ses cornes, toute l'équipe des merveilleux comédiens de Pagnol.

4. Le boulanger et sa femme. Pagnol avait longtemps hésité dans le choix de son interprète féminine. Il avait eu l'idée un moment d'en faire un personnage qu'on ne verrait pas, comme l'Arlésienne. Finalement, sur les conseils de Raimu, il choisit Ginette Leclerc.

e mythe du pain

5. Le temps des rêves fous

Marcel Pagnol – par fidélité à ses origines – s'était installé à Marseille. La guerre et surtout l'occupation allaient faire de ses studios le haut lieu du cinéma français replié. De 1940 à 1944, on ne le verra plus à Paris. Pas même pour les débuts officiels de Raimu à la Comédie-Française.

C'est l'époque de ses rêves les plus audacieux.

Il veut créer – au domaine de La Buzine qu'il vient d'acquérir – le Hollywood français.

Il veut reconstituer la préhistoire dans les collines de La Treille pour y réaliser *Premier Amour,* l'histoire de l'homme qui a osé le premier dire à la tribu où tout appartenait à tous : *« Je veux cette femme et je tuerai celui qui la touchera. Je vous laisse toutes les autres. »* C'est l'invention de l'amour. Il est vrai que Pagnol est lui-même très amoureux. Il se fait photographier en jeune premier. Josette Day a pris la première place dans son cœur et sur les affiches de ses films. Elle est *la Fille du puisatier,* le seul de ses films où il ait réussi à réunir Raimu et Fernandel. Elle est l'héroïne de *la Prière aux étoiles* que Pagnol ne terminera pas parce qu'il ne veut pas se soumettre à la censure. Avec Josette Day, Pagnol habite ses studios mêmes. Ses comédiens s'y retrouvent tous les jours, Blavette, Poupon, Delmont. Avec eux, avec ses « Maréchaux », Charles Pons, Toë, Robert Jiordani, Rossi, et bien entendu son frère, le fidèle René, ce sont d'interminables parties de pétanque. Marcel Pagnol y est aussi adroit que Joseph, son père (1).

De temps en temps un éclat de voix fait résonner la cour. C'est Raimu, venu en voisin de Bandol. D'autres fois, c'est un éclat de rire. Fernandel, qui a repris son tour de chant, est de passage avec Andrex entre deux tournées de music-hall. Pagnol règne sur cet univers amical. C'est un conteur merveilleux. On l'écoute pendant des heures. Jusqu'au jour où – ça devait arriver – des Allemands viennent lui demander pourquoi il ne tourne pas pour eux. On lui accordera toutes les facilités. Et s'il refuse, ce sera mal interprété. Pagnol ne refuse pas, il vend ses studios Il disparaît. Marcel Pagnol commence alors avec ses visiteurs trop corrects une partie de cache-cache qui ne cessera plus. Jusqu'à la Libération. Il la gagnera.

(1) Cf. Marcel Pagnol : *le Temps des amours.*

Marseille, capitale du cinéma français

1. Soirée de gala à Marseille en 1941. Marcel Pagnol et Josette Day, entourés de Charpin et de Charles Trenet, sont venus aux Variétés, dirigées par leur ami Franck, applaudir Fernandel qui fait son tour de chant. Dans la zone sud encore non occupée, si Lyon est devenu la métropole des affaires, Marseille reste la capitale du spectacle.

2 et 3. Les studios du Prado. Vue de la grande cour intérieure où on construit les décors, et de la porte d'entrée. Pour tourner les scènes d'extérieurs, Pagnol avait acheté vingt-deux hectares dans les collines de La Treille. Quand Pagnol ne tournait pas, Charles Pons louait les studios pour d'autres productions. Renoir a

tourné ici *Toni*. Pagnol racontait : « *C'est parce qu'un producteur qui m'avait retenu les studios s'est décommandé au dernier moment que j'ai écrit, à toute vitesse, la Femme du boulanger.* » Pagnol a habité un appartement dans les studios de 1940 à 1944.

Le puisatier :
le grand face-à-face
Jules-Fernand

1. On prépare *la Fille du* *puisatier.* De gauche à droite Fernandel, Raimu, Esway, Josette Day et Pagnol. C'est une des rares photos où Pagnol, Fernandel et Raimu sont réunis.

3

2 et 3. Amoretti et Félipe.
Dans leurs relations avec
Marcel Pagnol comme dans
leur carrière, il y avait toujours eu entre Raimu et Fernandel une vive émulation.
Mettre face à face ces deux
monstres sacrés n'était pas
une petite affaire. Ils avaient
été réunis une fois déjà dans
les Rois du sport. Et le résul-
tat sur tous les plans avait été
médiocre. Mais dans *la Fille
du puisatier,* le miracle Pagnol devait jouer une fois de
plus. Tous les deux ont atteint là les sommets de leur
art. *La Fille du puisatier*
reçut du public un accueil dé-
lirant.

99

Ils inauguraient
ce jour-là
Hollywood-en-Provence

1. La partie de campagne. Ce n'est pas la partie de campagne de Jean Renoir. C'est celle de Marcel Pagnol. La photo a été prise devant la porte des studios de Marseille, en 1941. Marcel Pagnol est à gauche avec Josette Day. Toute l'équipe des films monte à La Buzine que Pagnol vient d'acheter pour y créer sa cité du cinéma. Il expliquait les raisons de son choix : *« L'air est ici d'une qualité particulière parce qu'il n'y a aucune espèce d'humidité, ce qui fait que les photographies que l'on y prend sont toujours extraodinaires, toujours très belles. »*

2. Josette Day devant le château. Devant certaines difficultés qu'il rencontra auprès de l'Administration, Pagnol renonça à son fabuleux projet de cité du cinéma qui fut repris après la guerre à Rome par les Italiens : ce fut Cinecitta.

3. La photo de famille. Marcel Pagnol est au centre. Josette Day est à sa droite. On reconnaît Pierre Blanchar. Au premier rang à droite, tenant son chien sur ses genoux, René Pagnol. A l'avant-dernier rang à droite, le dessinateur Toë.

3

1

La Prière aux étoiles
restera inachevée

1. Pierre Blanchar et Josette Day. En 1941, Marcel Pagnol met un nouveau film en chantier, *la Prière aux étoiles.* C'est une très belle histoire d'amour fou qu'il évait écrite pour Josette Day. Comme partenaire de Josette et pour jouer le rôle d'un personnage où il a mis beaucoup de lui-même, Pagnol a fait appel à son ami de toujours, Pierre Blanchar. Hélas, écœuré par la censure, Pagnol, alors que *la Prière aux étoiles* était déjà très avancée, décide de tout arrêter. Le film ne sera jamais repris.

2

2. *Arlette et l'Amour.* En 1942, Pagnol a vendu ses studios. En 1943, Josette Day tourne *Arlette et l'Amour* de Robert Vernay avec André Luguet. Marcel Pagnol est invité à « superviser » le film. Pagnol écrira pour les dialogues un merveilleux texte : *le Sermon rentré* que son ami le père Calmels a recueilli dans son ouvrage *les Sermons de Pagnol.*

Pour Henri.

Il est parfait, mais il t'aim
quand même.

affectueusemen

Marcel

Photographie dédicacée à
Henry Jeanson

6. Les honneurs
et le bonheur

Le 6 octobre 1945, Marcel Pagnol épouse Jacqueline Bouvier.

Le 4 avril 1946, il est élu à l'Académie française.

Le 20 septembre de la même année, une mort brutale vient lui enlever son ami et son interprète de toujours, Raimu.

Dans la vie de Marcel Pagnol, en ces premiers mois de l'après-guerre, les événements se précipitent. Et ça va continuer – tragédies et bonheurs – pendant trente ans. Il perd la petite Estelle, la fille chérie que lui a donnée Jacqueline. Il tourne le plus grand succès de sa carrière *la Manon des sources*. Sa tentative, pour lancer, avec Tino Rossi, un procédé français de cinéma en couleurs, reste sans lendemain. Il est reconnu comme leur prophète par les plus grands metteurs en scène italiens et par les jeunes chefs de file du nouveau cinéma. *« C'est Pagnol qui a inventé le néo-réalisme »*, proclament Rossellini et de Sica. *« C'est Pagnol qui a inventé le cinéma d'auteur »*, répondent en écho Godard et Truffaut. Il rate à moitié son retour au théâtre avec *Judas*. Marseille lui fait l'honneur immense de donner son nom à un lycée. *Fabien* est un échec. Il a la joie de recevoir, sous la Coupole, son complice de toujours, Marcel Achard.

Le jour où tout le monde, et probablement lui-même, considère sa grande œuvre comme achevée, un nouveau miracle se produit. Il publie dans le magazine *Elle,* à la demande de ses amis Hélène Lazaref et Sam Cohen, le premier chapitre des *Souvenirs d'enfance* qu'il a racontés toute sa vie dans les soirées entre amis et que – un peu par désœuvrement – il s'est décidé à écrire. C'est un feu d'artifice ! Une révélation ! Tous les critiques le proclament : un immense écrivain français vient de naître. Ceux qui avaient boudé son théâtre et ses films saluent en lui notre « Dickens ». *« Vos livres sont pleins de dictées »*, lui écrit un vieil instituteur. Pas un livre de classe ne paraîtra désormais sans contenir – avec les deux fables de La Fontaine obligatoires – deux ou trois pages de Pagnol. Pagnol accueille cette manne, ces ovations, ces succès, avec le sourire que lui connaissent ses amis. La gloire, il en a la grande habitude. Et il est très doué pour le bonheur.

tudio
Poget Carlet

Le mariage avec Jacqueline Bouvier

1. Jacqueline Bouvier (1944) **a vingt ans** quand elle épouse Marcel Pagnol. C'est parmi la nouvelle génération de comédiennes l'une des plus jolies et des plus douées. Elle a été l'élève de Raymond Rouleau. Elle a débuté chez Agnès Capri, le célèbre cabaret d'avant-garde de Montparnasse. Elle a joué son grand premier rôle au théâtre Monceau dans *Jupiter* de Robert Boissy avec Michel Vitold.

Au cinéma elle a tourné *les Ailes blanches, la Maison des sept jeunes filles* et surtout *Adieu, Léonard* de Pierre Prévert dont la vedette est Charles Trenet. Après son mariage, Jacqueline Bouvier jouera encore au théâtre, à l'Atelier ou à Monte-Carlo, mais elle ne tournera plus, au cinéma, que les films de son mari.

2. Marcel et Jacqueline, dans les premiers mois de leur mariage au Moulin d'Ignières dans la Sarthe. C'était la propriété où Pagnol avait tourné son premier film *le Gendre de M. Poirier.*

Naïs d'après Zola
avec Fernandel
et Jacqueline Bouvier

Fernandel, Poupon et Jacqueline Bouvier dans *Naïs*. Premier film de Marcel Pagnol après la Libération en 1946. *Naïs,* d'après la nouvelle d'Emile Zola, *Naïs Micoulin.* Marcel Pagnol en a transporté l'action dans le Midi, à l'Esta- que, dans la banlieue de Marseille. Le film avait été réalisé par Raymond Leboursier sous la supervision de Pagnol. Jacqueline Bouvier répondait parfaitement à la description du personnage par Zola. *« Un vrai déjeuner de soleil. »*

1

Le premier académicien du cinéma

1. Marcel Pagnol académicien. Le 4 avril 1946, Marcel Pagnol est élu à l'Académie française. Il est le premier académicien du cinéma français (il y aura plus tard René Clair), et le cinéma français revendique l'honneur de lui offrir son épée. Ce qui est fait au cours d'une cérémonie aux studios de Joinville, fin 1947. Hélas, depuis son élection, Raimu était mort et ce fut un autre grand ami, Louis Jouvet, premier interprète de *Topaze* au cinéma, qui prononça le discours.

2. Le carton d'invitation à la réception. La grande salle de l'Institut de France fut trop petite pour recevoir tous ceux qui avaient voulu assister à l'événement.

3. Jacqueline et l'épée. Entre Marcel et Jacqueline Pagnol, André Luguet.

INSTITUT DE FRANCE
ACADÉMIE FRANÇAISE
RÉCEPTION DE M. MARCEL PAGNOL
Commençant à 15 HEURES TRÈS PRÉCISES
Jeudi 27 Mars 1947

PLACE DU CENTRE
On entrera par la grande porte
du Palais de l'Institut.

ON OUVRIRA LES PORTES A 14 HEURES

3   2

La première caméra sous la coupole

1. Marcel Pagnol pendant son discours. La réception de Pagnol sous la Coupole eut lieu le 27 mars 1947. A la demande de Marcel Pagnol, la cérémonie avait été filmée.

2. Le pommeau de l'épée. Sur la garde une pierre précieuse : une topaze, une croix de Malte, symbole du cinéma. La croix de Malte, était dans les premiers appareils de prises de vues et de projection la pièce mécanique qui assurait le déroulement de la pellicule image par image.

113

La comédie et le protocole

1. Jacqueline Bouvier joue Shakespeare. Jacqueline Pagnol créa en 1947 au Grand Théâtre de Monte-Carlo pour le jubilé du Prince Pierre, la traduction française par Pagnol du *Songe d'une nuit d'été* de Shakespeare. Elle joue Hermia. A ses côtés Robert Gaillard et Madeleine Sylvain. Pagnol écrit aussi une traduction de *Hamlet* qu'il publiera en 1947 et qui sera créé au Festival d'Angers en 1955 par Serge Reggiani et Dominique Blanchar.

2. Marcel Pagnol à Monte-Carlo lors de la cérémonie de couronnement du prince Rainier en 1949. A Monte-Carlo, Marcel Pagnol avait été nommé Consul du Portugal. Et la légende raconte que de peur d'en faire, par distraction, un mauvais usage, il s'était empressé de perdre les cachets officiels.

1

2

115

Les jours heureux de Monte-Carlo

1. Marcel Pagnol et le Prince Rainier. Fuyant la sollicitude empressée des cinéastes allemands, Marcel Pagnol avait fini par s'installer à Monte-Carlo. L'amitié que lui portait le prince Rainier fit qu'il y resta. Monte-Carlo a joué un rôle important dans la vie et la carrière de Marcel Pagnol. C'est au Grand Théâtre de Monte-Carlo qu'avait été créée, en décembre 1926, sa pièce *Jazz* avec Orane Demazis. C'est à Monte-Carlo, qu'il a découvert Raymond Pellegrin. C'est à Monte-Carlo, chez son ami Pastorelly, qu'il fera éditer ses *Souvenirs d'enfance*.

2. La Lestra. C'était l'hôtel particulier des Pagnol à Monte-Carlo. La Lestra signifie « La Grotte » en monégasque. La maison avait été construite pour servir de résidence au baron de Bloedecher, le banquier chargé de faire rentrer la dette de la France après la guerre de 1870.

La Belle Meunière
en famille
et en Rouxcolor

1. Devant le moulin de La Colle (1948). Marcel Pagnol va tourner *la Belle Meunière*. Il va, à cette occasion, mettre à l'épreuve un nouveau procédé de cinéma en couleur, un procédé français, le Rouxcolor (du nom de ses inventeurs, les frères Roux). L'aventure du Rouxcolor devait rester sans lendemain. Ce fut tout de même, dans l'histoire du cinéma, le seul procédé français de cinéma en couleur mis à l'épreuve d'un grand film. Pagnol, encore une fois, s'était montré un pionnier.

2. Franz Schubert et *la Belle Meunière* : les héros du film. Tino Rossi et Jacqueline Pagnol, Lilia Vetti et Pierrette Rossi, la femme et la fille de Tino, jouaient aussi dans le film.

VERDUN

· J. PONCET ·
PROPRIÉTAIRE ·

Marseille le 3 Mars 1935
TÉLÉPHONE 34

Entre le 30 Novembre 35 et le 1er Mars 36
je m'engage à créer le rôle de César (pièce
de théâtre) dans la pièce que tu feras et que
tu me promets aujourd'hui et je jouerai ce
rôle tant que la pièce tiendra l'affiche.

Fanny

Marcel Pagnol

F. Cartel Garli   Jos Poêre

Harry

Charlexorberral

120   1

Raimu n'est plus là pour créer César au théâtre

1. Le contrat de *César*. Au printemps 1935, quelques semaines après la sortie du film *César,* sur une table de la brasserie de Verdun, 23, rue Paradis à Marseille, Raimu et Pagnol avait signé un contrat par lequel Raimu s'engageait à jouer au théâtre la pièce tirée du film *César* que Pagnol s'engageait à écrire. C'est Corbessas, directeur commercial des films Pagnol, qui en avait calligraphié le texte.

2. La mort de Raimu. En septembre 1946, la mort brutale de Raimu enlève à Pagnol non seulement son ami *(« Il était à la fois mon père, mon frère et mon fils »)* mais son interprète favori. Pendant des années, le gros plan de Raimu extrait du film *César* resta accroché au-dessus de la table de travail de Pagnol.

2

3. *César* aux Variétés. *César* fut créé au théâtre en décembre 1946, aux Variétés, où avait été créé *Topaze.* Orane Demazis, Milly Mathis et Maupi sont les seuls interprètes de la pièce qui avaient fait partie de la distribution du film. Raymond Pellegrin jouait Césariot. Le rôle de Marius avait été repris par le chanteur Alibert.

THÉÂTRE DES
VARIÉTÉS
1807   1946

ALIBERT
ORANE DEMAZIS
MILLY MATHIS
RAYMOND PELLEGRIN
et HENRI VILBERT

CÉSAR

COMÉDIE NOUVELLE en 2 PARTIES et 10 TABLEAUX
de MARCEL PAGNOL de l'Académie Française

MARGUERITE CHABERT
CAROL   NICOLAS AMATO
MAUPI
ARDISSON BLAVETTE
AIME DUPUY   RENE GUY
avec RIVERS - CADET
ARIUS

Mise en scène de CHRISTIAN GÉRARD

SOIRÉES A 21 h. (Sauf Vendredi)   MATINÉES DIMANCHES et FÊTES à 15 h.

Pagnol refait
le Rosier
et retourne **Topaze**

1

1. et 2. Fernandel reprend
Topaze. En 1950, Pagnol propose à Fernandel de reprendre le rôle du célèbre pion. A gauche, P. Larquey.

3. Les Pagnol et les Bourvil.
En 1950, Pagnol écrit pour lui une version nouvelle du *Rosier de Madame Husson,* le célèbre conte de Guy de Maupassant. De gauche à droite, Marcel, le petit Frédéric et Jacqueline Pagnol, André Bourvil, son fils et sa femme.

La Manon des sources :
le mythe de l'eau

1 et 2. Rellys et Jacqueline Pagnol dans *Manon des sources* : Marcel Pagnol tourne *Manon des sources* en 1952. Il en confie le premier rôle masculin à Rellys qui joue Ugolin, un paysan un peu simple, un peu sauvage, âpre au gain, solitaire, torturé. Il finira par se pendre. Rellys y fut sublime. Sa déclaration d'amour à Manon hurlée à tous les vents du haut de la montagne est l'un des sommets du l'œuvre de Pagnol et du cinéma mondial.

3. Marcel Pagnol tourne à La Treille. Pour *Manon des sources,* Pagnol est revenu sur les lieux même où il avait commencé, avec – *Jofroi* – son œuvre cinématographique provençale. C'est Jacqueline Pagnol, sa femme, qui jouait le rôle de Manon.

3

Avec **Manon**
les retrouvailles
avec l'enfance

1. Manon dans les collines.
L'immense succès des *Souvenirs d'enfance,* publiés en 1958, a rendu familiers à des millions de lecteurs les vallons, les rochers, les abrupts autour de La Treille : Saint-Esprit, Taoumé,

Passe Temps, etc. Mais c'est dans *Manon des sources* qu'on entend ces noms pour la première fois. On peut se demander si ce n'est pas en tournant *Manon* que Pagnol soudain a revécu les vacances enchantées de son enfance, qu'il a retrouvé le petit garçon qu'il avait été, courant les garrigues. N'est-pas ce jour-là qu'il a décidé d'écrire ses souvenirs ?

Son dernier film :
Les Lettres
de mon moulin

1. Chez les Pères Prémontrés, dans la cour intérieure de l'abbaye de Saint-Michel-de-Frigolet en Provence, Marcel Pagnol porte au cinéma en 1954 les *Lettres de mon moulin* d'Alphonse Daudet. Le film, en vérité, ne comportera que trois épisodes : *les Trois Messes basses* avec Vilbert et Daxely, *le Secret de Maître Cornille* avec Delmont et Pierrette Bruno

et *l'Elixir du Père Gaucher* avec Rellys et Robert Vattier. Pagnol tournera plus tard, pour la télévision, avec Henri Vilbert, *le Curé de Cucugnan.* Les *Lettres de mon moulin* sera le dernier film tourné par Marcel Pagnol.

2. *L'Elixir du Père Gaucher.* Le père Virgile (Jean Toscane) et le père Gaucher (Rellys).

129

1

L'hommage à l'aîné Alphonse Daudet

1. Daudet et Roumanille. Dans les *Lettres de mon moulin,* Pagnol fait revivre celui qui avant lui fit connaître la Provence qui lui était chère aux Parisiens, aux Français puis au monde entier : Alphonse Daudet. A son arrivée en Provence, le jour où il venait acheter le Moulin, Daudet (Roger Crouzet) est reçu par le poète et félibre Roumanille (Serge Davin).

2. Le Moulin de Daudet, qui se trouve en réalité à Fontvieille aux environs d'Arles, avait été rebâti près de La Treille par Marius Brouquier.

3. *Le Secret de Maître Cornille* interprété par Pierre Bruno (Vivette) et par Edouard Delmont, sociétaire de toujours de la Maison Pagnol.

2

3

L'adieu au théâtre :
Judas, Fabien

1. Les répétitions de *Judas*. Avec Micheline Meritz, Raymond Pellegrin et Jean Chevrier.

2. L'affiche de *Judas*. A l'automne 1955 Marcel Pagnol revint au théâtre en faisant jouer *Judas,* une pièce à laquelle il tenait beaucoup.

3. L'affiche de *Fabien*. Ce fut en 1956 la dernière pièce de Pagnol. Il l'avait écrite pour Milly Mathis. Après *Fabien,* Pagnol renonce au théâtre et se consacre à la rédaction de ses *Souvenirs d'enfance*.

Bouffes-Parisiens

MILLY MATHIS
PHILIPPE NICAUD
ODILE RODIN

FABIEN

COMÉDIE EN 2 ACTES ET 4 TABLEAUX DE
MARCEL PAGNOL
MISE EN SCÈNE DE GUY RÉTORÉ
DÉCORS ET COSTUMES DE FÉLIX LABISSE

JEAN LEFEBVRE
VIRGINIE VITRY
LUDO BIGONET . PIERRETTE FLATEAU
J.F. GONTHIER . VIVA STEPHENS
JEAN NATOL
EMILE MYLOS . RAYMOND LOZZI
GIB GROSSAC
MARGOT BRUN

TOUS LES SOIRS (SAUF MARDIS) 21h DIMANCHES & FÊTES: MAT. 15h
METRO OPERA . 4-SEPTEMBRE

4. *Judas* **au Cours Simon.** Pour « essayer » sa pièce, il l'avait montée au Cours Simon avant sa création.

1

2

Qui était
le Masque de Fer ?

1. Le Fort de Pignerol dans le Piémont. Première prison du Masque de Fer. En 1960 tout en écrivant ses *Souvenirs d'enfance,* Marcel Pagnol se passionna soudain pour le Masque de Fer, sont l'identité reste un mystère de notre histoire. Emprisonné sur ordre de Louis XIV de 1669 à sa mort en 1703, le Masque de Fer ne serait autre – selon certains – que le frère jumeau du Roi Soleil, maintenu en détention pour préserver l'unité du royaume. C'est également la conclusion retenue par Marcel Pagnol.

2. La Forteresse de l'Ile Sainte-Marguerite. Le Masque de Fer y séjourna dix ans.

3. Marcel Pagnol à l'Ile Sainte-Marguerite.

3

135

7. Les secrets et les passions

Qui était vraiment Marcel Pagnol ?

Un « *optimiste angoissé* », écrit Jean-Jacques Gautier.

Un « *homme d'une grande sagesse* », affirme Jean Renoir.

« *Le plus grand menteur que j'aie connu* », disait, avec toute l'affection qu'il lui portait, Marcel Achard.

« *Un veinard fabuleux* », selon Fernandel.

« *Un redoutable homme d'affaires* », « *Un génie* », « *Léonard de Vinci* », « *Monsieur Jourdain* » ?

La personnalité de Pagnol était si riche, si diverse, les fées avaient été si nombreuses, à Aubagne le jour de sa naissance, à se pencher sur son berceau, il pouvait apparaître sous tellement de facettes différentes – et toutes brillantes – qu'il reste bien difficile à cerner. On trouvera dans ce chapitre des photographies qui nous le montrent sous plusieurs aspects inattendus, sportif, bricoleur, travailleur acharné. Ces images ne disent pas tout.

Il reste un mystère Pagnol. Tous ses familiers savaient que sa verve intarissable, sa faconde, son exubérance étaient la façon qu'il avait trouvée de cacher son secret profond et probablement sa solitude. Il ne nous reste – pour tenter de le définir avec plus de précision – que quelques éléments : son épitaphe qu'il avait rédigée lui-même, en latin : « *Fontes, Amicos, Uxorem dilexit* » (il a aimé les sources, ses amis et sa femme). On l'a illustré dans les pages qui suivent. Il y a tout de même un point sur lequel on peut être formel. Il a aimé la vie. Toute sa vie. Avec passion. En 1964, pour la revue *Livres de France,* il avait accepté de se soumettre au célèbre questionnaire de Proust. Beaucoup de ses réponses sont éloquentes. A la question « *Que voudriez-vous être ?* », il répond : « *Jeune* ».

« *Le don de la nature que vous voudriez avoir ?* » « *La jeunesse.* »

Il a enfin cette formule qui résume tout. Quand on lui demande « *Qui aimeriez-vous être ?* » il répond : « *N'importe qui en l'an 2 000* ».

Tous les matins devant sa table de travail

1. Pendant les prises de vues de *Manon des sources*. Toute sa vie, où qu'il se trouve, en vacances, pendant les tournages, Marcel Pagnol, levé aux aurores, a commencé sa journée, assis à sa table de travail, écrivant.

2. Les derniers mois. Il a écrit jusqu'à ce que la maladie le cloue au lit.

3. Sa plume ronde. Sa calligraphie superbe, Marcel Pagnol la devait à la « plume ronde ». Il n'en a jamais utilisé d'autres.

1

2

3

La pétanque n'était pas son seul sport

1. Marcel Pagnol joue à la pétanque en 1942 à Marseille dans la cour de ses studios. La pétanque était alors pratiquée uniquement dans les régions méditerranéennes. Pagnol raconte dans *le Temps des amours* comment son père avait gagné le concours de boules de La Treille.

2. A la machine à ramer. Pagnol avait aussi quand il était au lycée pratiqué la boxe. Il est fort probable que c'est à un uppercut qu'il devait la forme busquée de son nez.

3. Au tennis (dans les années 30).

*La passion
de la mécanique
et du travail manuel*

1. Marcel Pagnol installant un treuil dans son domaine de Cagnes.

2. Avec Frédéric. Une de ses joies avait été de voir son fils Frédéric partager son goût pour les travaux manuels et pour la mécanique.

3. Marcel Pagnol à la perceuse. Pagnol se flattait d'être à la fois un intellectuel et un manuel. La mécanique surtout le passionnait. « *Quand j'étais enfant*, disait-il, *pour moi le plus beau mot de la langue française, c'était non pas chocolat, mais manivelle.* »

1

nrf

samedi

cher Marcel Pagnol
justement, je voulais vous
écrire à propos de vos traduc-
tions de Virgile : sous leur ap-
parente sagesse, d'une si éton-
nante liberté.
(mais de ce côté j'aurais trop
à vous dire.)   et merci de
votre lettre. Vous savez bien à
quel point elle m'est précieuse.
Je suis vôtre
              Jean Paulhan.

2

3

Avec Paul, le chevrier, sur les pas de Virgile

1 et 3. Avec son frère Paul, le chevrier. Paul Pagnol, le frère cadet de Marcel, le « petit Paul », avait dû, pour des raisons de santé, renoncer à poursuivre ses études et il « avait choisi la vie pastorale ». Il était devenu chevrier dans les collines de La Treille. C'est à lui que Marcel Pagnol a dédié sa traduction des *Bucoliques* de Virgile. La préface de cet ouvrage lui est consacrée. Comme Ménalque, le berger de l'Eglogue V, Paul jouait de l'harmonica « *qui n'est rien d'autre qu'une flûte de Pan perfectionnée* ». « *Il me nommait les plantes, les sources, les étoiles.* »

2. Lettre de Jean Paulhan après la publication des *Bucoliques* de Virgile, traduites par Marcel Pagnol.

1

2

C'est vrai qu'il aimait les sources

1 et 2. Pagnol sourcier. Dans les collines de La Treille « *aussi sèches que le désert de l'Arizona* » une source représentait un véritable don de dieu. Celui qui connaissait une source avait la conviction de détenir un véritable secret. Il n'en parlait à personne. Ce mythe de l'eau qui lui a inspiré *Manon des sources* a provoqué chez Pagnol une véritable passion pour le travail des sourciers. Il utilisait la baguette de coudrier dont un mouvement brutal dans les mains du sourcier indique la présence d'une nappe d'eau souterraine.

3. A la recherche des sources. Dans la grotte de la Baume Sourne. Le prêtre à gauche est l'abbé Parti, curé de La Treille.

3

1

Le père
de famille

1. Le baptême d'Estelle (juin 1952). Marcel et Jacqueline eurent deux enfants, Frédéric et la petite Estelle, terrassée à l'âge de deux ans par une crise d'acétonite foudroyante. Le baptême d'Estelle avait été célébré à La Lestra, le bel hôtel particulier des Pagnol à Monte-Carlo. De gauche à droite : au premier plan, le petit Frédéric, Marcel Pagnol, la petite Estelle dans les bras de son parrain Roger Ferdinand, l'auteur heureux des *J.3,* alors président de la Société des Auteurs, Vincent Scotto, la marraine, Mme Martinetti, sœur de Jacqueline Pagnol, Stève Passeur et Jacqueline Pagnol.

2. Papa en habit vert. Frédéric, enfant, aide son père à mettre sa tenue d'académicien.

2

Ses enfants
et ses petits enfants

1. Pagnol en famille (1954). Pendant les prises de vues des *Lettres de mon moulin* aux environs de La Treille, Marcel Pagnol, Jacqueline Pagnol, Jacques Pagnol, fils de Marcel, et Frédéric.

2. Pagnol, le père de la mariée. Il marie sa fille Francine avec Pierre Stierlin le 22 mars 1958 à Saint-Honoré-d'Eylau, à Paris. Pagnol avait un autre enfant, Jean-Pierre, fils d'Orane Demazis.

3. Avec son petit-fils Louis-Laurent fils de Frédéric, le jour de son premier anniversaire.

Les amis :
Yves,
Orson Welles

1. Avec Yves Bourde (en 1929). Yves Bourde est le second à partir de la gauche. Yves Bourde et Pagnol avaient été ensemble au lycée et dans les collines. Ils avaient fondé ensemble *Fortunio.* Par la suite, Yves Bourde fit une brillante carrière de professeur à la faculté de médecine de Marseille. Au centre Ketty Murphy, avec qui Pagnol eut son fils Jacques.

2. Avec Orson Welles. Orson Welles venu en France pour la première fois en 1946 rencontra Pagnol et ne le lâcha plus. Orson Welles qui venait de tourner *Citizen Kane* était l'idole universelle des passionnés de cinéma. Dans les

1

milieux de la critique, la déclaration d'Orson Welles : « La Femme du boulanger *est le plus beau film que j'aie vu* », fit l'effet d'une bombe.

2

1

2

154

Les amis :
Rossellini, Georges, Tino

1. Avec Rossellini. Rossellini avait bouleversé Pagnol le jour où il lui avait dit : « *Le père du néo-réalisme au cinéma, ce n'est pas moi, c'est toi. Si je n'avais pas vu* la Fille du puisatier, *je n'aurais jamais tourné* Rome ville ouverte ». A gauche, Ingrid Bergman. Elle était alors mariée à Rossellini.

2. Avec Simenon. Ils avaient vécu ensemble les jours difficiles des débuts parisiens.

3. Avec Tino Rossi. Une amitié qui a duré quarante ans.

3

Les amis :
Dubout, Jeanson, Renoir

1. Avec Albert Dubout. Albert Dubout, né à Marseille, merveilleux dessinateur, illustrateur de génie, était dans les années trente le premier dessinateur humoriste français. Il a dessiné les affiches de tous les films de Pagnol.

2. Avec Henri Jeanson. Le grand polémiste, le grand dialoguiste des années 30. A la réception donnée par Pagnol après la cérémonie, Henri Jeanson, adversaire de cette dernière, vint quand même. Il bouda toute la soirée. C'est Pagnol qui lui envoya cette photo légendée.

3. Avec Jean Renoir. Une partie de pétanque chez Blavette en 1934. Jean Renoir déclarait : *« Je tiens Marcel Pagnol pour le plus grand auteur cinématographique d'aujourd'hui »*.

Les amis :
Jean Giono

Avec Jean Giono. L'amitié entre les deux écrivains remontait à 1933, à *Jofroi,* que Pagnol avait tourné d'après un texte de Giono extrait de *la Solitude de pitié.* Elle avait connu quelques éclipses. Giono avait proclamé son désaccord sur *« certain traitement que le cinéma* (donc, Pagnol) *avait fait subir à son œuvre ».* Un procès les avait opposés. La réconciliation s'ensuivit. Pagnol avait voulu faire entrer Giono à l'Académie française mais, au dernier moment, Giono se présenta à l'Académie Goncourt où il fut élu. Pagnol qui considérait Giono comme le plus grand écrivain français contemporain regretta beaucoup ce choix.

Les amis :
Vincent Scotto
et le Père Calmels

2. Avec le Père Calmels. Monseigneur Norbert Calmels, abbé général des Prémontrés, auteur d'un recueil où il a réuni tous les « sermons » prononcés dans les films Pagnol, fut un des derniers amis de Pagnol et son confesseur.

3. Avec Vincent Scotto. Scotto a été, avant l'ère Trenet, le plus

1

1. Inaugurant le buste de Scotto (1954). Marcel Pagnol inaugure à Marseille, avec le maire de la ville Gaston Defferre (à sa gauche) et Tino Rossi, le monument à Vincent Scotto, monument élevé sur le quai de Rive-Neuve où était né le grand compositeur populaire. Aujourd'hui, le quai Marcel-Pagnol se trouve tout près, sur le côté gauche du Vieux-Port quand on regarde le large.

grand compositeur français de chansons populaires. Il en a écrit plus de quatre mille, dont *la Tonkinoise, Sous les ponts de Paris, J'ai deux amours, Vieni, Vieni,* etc. Il est l'auteur de toutes les opérettes marseillaises créées par Alibert. Il composa, pour Pagnol, la musique de *Fanny,* de *Jofroi,* d'*Angèle,* de *Merlusse,* de *Cigalon,* de *César,* du *Boulanger,* du *Puisatier* et de *Naïs.* On sait qu'il fut l'interprète de Jofroi.

2

3

161

1

*Avec Fernand
et avec Jules,
ses deux grands*

1. Avec Raimu. La photographie a été prise au cours du tournage au Castellet de *la Femme du boulanger*. Entre eux, Charles Moulin qui joue dans le film le rôle du berger. Les colères de Raimu étaient célèbres. Les deux amis se fâchèrent des centaines de fois. Définitivement. Pour se réconcilier le lendemain.

2. Avec Fernandel. Marcel Pagnol considérait que la plus grande chance de sa vie avait été d'avoir eu pour ses pièces et pour ses films deux des plus grands comédiens de l'histoire de l'art dramatique : Raimu et Fernandel. Les dernières années de sa collaboration avec Fernandel furent un peu tumultueuses. Mais les deux hommes gardèrent toujours l'un pour l'autre une très grande estime.

2

Avec Marcel Achard,
cinquante ans
de complicité

1. Les deux amis

2. La réception de Marcel Achard sous la Coupole fut l'une des grandes joies que l'académicien français procura à Marcel Pagnol. Il avait été le grand électeur de son ami. C'est lui qui fut chargé de le recevoir.

3. Avec les Achard. Marcel Pagnol, Juliette Achard, Marcel Achard, Jacqueline Pagnol. L'amitié entre les deux Marcel était née dès les premiers mois de leur séjour à Paris. A la générale de *Jazz,* de *Topaze,* de *Marius,* Marcel Achard était là, le premier à rire, le premier à applaudir, le premier à acclamer.

1

2

3

1

2

Fidèle à son
équipe comme
à ses comédiens

1. Avec Fernand Sardou et Rellys. L'atmosphère sur les plateaux où tournait Pagnol était toujours très joyeuse.

2. Sur le plateau de *César*.

3. Marcel Pagnol et son équipe technique. Marcel Pagnol a tourné presque tous ses films avec les mêmes collaborateurs

devenus des amis. On retrouve ici les plus anciens, « les maréchaux », Antoine Rossi (assis devant Pagnol), Charley Pons (debout à droite), directeur des studios depuis 1937. A la gauche de Pagnol, Jo Martinetti, son beau-frère. Devant Martinetti, Jacques Pagnol, son fils. Derrière Martinetti, Robert Jiordani, décorateur. Le bras sur la caméra, c'est Willy Factorovitch, chef opérateur de Pagnol de *Jofroi* aux *Lettres de mon moulin* que son fils Gricha (derrière la caméra) avait rejoint comme assistant.

167

Son héroïne favorite :
sa femme

1. Jacqueline et Marcel Pagnol (1946). Quand on demanda à Marcel Pagnol en 1964 : « *Quelles sont vos héroïnes favorites dans la vie réelle ?* » sa réponse fut : « *Ma femme.* » Jacqueline, comme son mari, appartenait à une famille méridionale (du Gard). On trouve, dans son arbre généalogique, comme dans celui de Pagnol, beaucoup d'instituteurs et d'institutrices. Comme lui, elle a aussi un grand-père tailleur de pierre. Marcel Pagnol et Jacqueline Bouvier « *étaient tous deux*, écrit Gaston Bonheur, *de la même race ombrageuse et gitane et elle sut être la tendre complice de ses faiblesses et de ses humeurs. Elle lui fit l'immense cadeau de ne jamais l'embourgeoiser. Elle accepta de partager, non pas les honneurs, non pas la facilité, mais la roulotte où il se plaisait fût-ce derrière la façade d'un hôtel particulier.* »

2. Dans les collines avec Marius Brouquier. Marcel fait faire à Jacqueline son pèlerinage aux collines.

2

1

Son œuvre a été jouée
par les plus grands

1. Wallace Beery - César.
Hollywood réalise en 1938
Fanny avec un scénario qui
condense en un seul film les
trois titres de la trilogie. Le
metteur en scène Preston
Sturges *(Les Voyages de Sullivan, Infidèlement vôtre),*
élevé à Paris, confie le rôle de

César au célèbre comédien Wallace Beery, la vedette de *Viva Villa,* de *l'Ile au trésor* et c'est Maureen O'Sullivan, ancienne vedette de *Tarzan et sa compagne,* de *David Copperfield,* qui joue Fanny.

2. Emil Jannings - César. En 1934, le Dr Fritz Wendhansen, producteur et réalisateur, tourne à Berlin *Zum Schwarzen Walfisch (le Port des Sept Mers),* version allemande de *Fanny,* et confie le rôle de César à Emil Jannings, l'un des plus grands comédiens de l'histoire du cinéma. Emil Jannings avait joué le rôle du professeur Unrath dans *l'Ange bleu* avec Marlène Dietrich.

2

Joshua Logan tourne **Fanny**

1. Le *Fanny* américain, tourné en 1966, à Marseille, par Joshua Logan pour la R.K.O. Le scénario regroupait en un seul film les trois comédies de la trilogie *Marius, Fanny* et *César.* L'italien Baccaloni jouait Escartefigue, le jeune

premier allemand Horst Bucholz, Marius. Maurice Chevalier, Panisse. Charles Boyer interprétait César. Leslie Caron jouait le rôle de Fanny et Honorine était interprétée par Georgette Anys. De gauche à droite : Baccaloni, Maurice Chevalier, Horst Bucholz, Charles Boyer, Marcel Pagnol, Georgette Anys et Leslie Caron.

2. Marius et Fanny. Horst Bucholz et Leslie Caron.

3. Panisse et César. Maurice Chevalier et Charles Boyer.

3

1

Prophète en son pays

1. L'inauguration du lycée Marcel-Pagnol. Construit à Saint-Loup dans la banlieue de Marseille. Cette inauguration (7 octobre 1962) fut l'une des grandes joies de sa vie. *« Je vous remercie (...),* déclara Marcel Pagnol, *d'avoir inscrit sur la façade du plus beau lycée de France, mon prénom, suivi du nom de mon père, l'instituteur de Saint-Loup. »*

2. La partie de cartes des santons. Sous l'impulsion de Lucien Grimaud et Georges Berni, admirables mainteneurs du souvenir de Pagnol, les santonniers d'Aubagne ont réalisé une crèche gigantesque au milieu de laquelle figure cette partie de cartes des santons.

3. et 4. La médaille et le buste Pagnol. Médaille de la Monnaie. Le buste est de Jean-Claude Scaturro, santonnier d'Aubagne.

La dernière image

Au printemps 1973, Marcel Pagnol accepta de tourner, pour la Télévision française et Télécip, six émissions d'interviews. A cette occasion, Marcel Pagnol, déjà malade, revint à Aubagne, à La Treille, dans les collines. Un jour, il vint tourner une séquence au château de La Buzine, dans le domaine où, enfant, il avait connu son angoisse la plus atroce et où il avait failli réaliser son rêve le plus audacieux. Le château était à l'abandon, menacé de démolition. A la fin de l'après-midi, Marcel Pagnol, qui avait un goût secret pour la solitude, était parti sans personne pour une dernière promenade, à la rencontre d'on ne sait quels fantômes. C'est à cette occasion que Jean Lenoir, envoyé spécial de *Télé 7 Jours,* prit cette photographie. Le grand Marcel Pagnol, sa tâche terminée, sa mission d'homme remplie et bien remplie, s'en allant seul, d'un pas incertain, dans les allées envahies par les herbes folles, autour du vieux château rococo : c'est assurément l'image la plus émouvante de ses derniers jours.

Marcel Pagnol est mort le 18 avril 1974.

Vieux Vincent,

Il est onze heures du soir, je viens de
jouer de la guitare, et je pense à toi.
Ça m'arrive souvent, mais je ne te le dis
pas. Tu le sais. A quoi ça servirait de
te l'écrire ? Ce soir, ça me prend. Au
fond, nous sommes des salauds. On
s'aime, et on ne se le dit jamais. C'est
le caractère des gens de la méditerranée.

En jouant de la guitare, j'ai pensé
tout à coup que j'en jouais presque
aussi bien que toi. Mettons moitié
aussi bien. Et pourtant je n'ai fait
ni la Tonkinoise, ni les Ponts de Paris,
ni "Quand on aime", ni "Qu'il était
beau mon village", ni "j'ai deux amours",
ni "beruse Provençale", ni.. Excuse
moi de ne pas te donner une liste
complète : j'ai des rendez-vous à huit
heures, demain matin, et ça me
prendrait jusqu'à midi.

Lettre à Vincent Scotto (22 juillet 1938). Vincent Scotto, le
grand compositeur de mélodies populaires, venait de composer
la musique de *la Femme du boulanger*.

Ce n'est donc pas ta guitare qui a fait tes chansons. Si c'était elle, elle vaudrait cher.

———

Quand j'étais jeune, je pensais que Vincent Scotto était très grand, très fort, très supérieur, et méprisant. La vie m'a enseigné que les gens très gros et très forts ne savent faire que d'énormes merdes. Ce n'est pas un but estimable. Je me dis maintenant que j'aurais dû te voir, par la pensée, tel que tu es. Tu ne pourrais pas être autrement. Petit, râblé, joyeux, et bon jusqu'à la bêtise. Tu es tout écrit dans tes chansons — Je viens de lire un barème des vitesses maxima des animaux. Le gros cheval percheron peut atteindre 38 à l'heure. L'abeille, plus de cent. Il n'y a rien au monde qui te ressemble autant qu'une abeille.

Elle est sérieuse, elle est joyeuse, elle ne pique pas sans raison. Elle fait cent à l'heure. Et au lieu de merde elle fait du miel.

Il y a une chose admirable et terrible dans ton destin : ce que tu crées est si simple, et si près du cœur, qu'on ne demande jamais de qui c'est — comme pour les chansons populaires du vieux temps. Ainsi, tout le monde connaît le nom de Jacques Ibert, ou de Charpentier. Et on ne sait pas qui a fait "Auprès de ma blonde". Il est vrai que dans le cercueil des Grands Musiciens d'aujourd'hui, on pourrait mettre toute leur musique. Il ne restera d'eux ni un nom, ni un air. Toi, ton nom ne restera peut-être pas; tu ne t'en es pas assez occupé. Mais.

quand tu partiras, tu laisseras cent ou deux cent chansons, des sentiments à toi, des idées à toi, qui feront encore du bien à des gens qui ne sont pas nés. Et quand on demandera " Qui a fait cà " ? Les grands Musicographes diront peut être " C'est du 19e ou du XXeme siècle ". Crois tu que c'est beau, que ton nom soit remplacé par un siècle numéroté ? C'est comme cà qu'on parle de l'Iliade et de la chanson de Roland. On ne sait pas qui a fait ces chefs d'œuvres. On sait seulement qu'on les a, et que c'est une richesse pour l'humanité.

Il y a dans cette lettre une particularité étrange.

1. Elle n'apporte aucune nouvelle.
2. Elle n'en demande pas.

3. Elle ne contient aucune offre.

4. Elle ne t'apporte aucune demande.

Alors, pourquoi te l'ai-je écrite ?
Je n'en sais rien. Peut être pour une
raison plus belle et plus noble que
tout ça.

Je t'embrasse,

Manaf

Monsieur Vincent Scotto

3 Passage de l'Industrie

Paris

Vieil Henri,

Ça me prend comme ça, brusquement. Je suis en train d'écrire un film, sur un vieux cahier de comptable que j'ai volé au bureau de l'usine. Je t'écris à la suite, et puis je déchirerai la page pour te l'envoyer.

Ton article de Ciné'monde m'a fait un très gros effet. Je ne saurai pas bien te dire lequel. Tu sais qu'il y a des moments dans la vie où on se sent très seul. Surtout dans notre couillon de métier. Un four noir vous écrase, et attire tout un tas de rigoleurs. Un succès vous isole complètement. Les rigoleurs grincent des dents, et ne sont pas plus gentils pour ça. Évidemment, on a un certain plaisir à voir jaunir la gueule des envieux et des jaloux ; mais c'est un plaisir malsain, et qui ne fait pas très plaisir.

Ton article est plein d'amitié, de la vraie, de l'ancienne. Non seulement il m'a fait plaisir, mais il m'a foutu le cafard. Ça commence à sentir les "Souvenirs", les "Mémoires". On s'approche peu à peu du nécrologique ; et cette tendresse ironique et discrète qui en fait le charme et le prix, c'est exactement celle que je ressens pour toi, pour Steve, pour Marcel ; elle est un petit peu humide de regrets. Il me semble qu'on a perdu son temps à ne pas se voir, qu'on a eu tort de devenir célèbres, qu'on n'a pas été assez amis.

Lettre à Henri Jeanson (1938). Henri Jeanson, critique de cinéma, dialoguiste de *Pépé le Moko* et de *Carnet de bal,* venait de terminer *Entrée des artistes* et préparait *Hôtel du Nord.*

On s'est fait des maisons. On a eu des femmes qui achètent des rideaux, des moulins à café et même des meubles. Elles nous ont fait des intérieurs qui n'étaient plus des garnis ni des bistrots. Bref, on est cuit, on n'a même plus la force de répondre. Et c'est pour ça que les années passent si vite : c'est parce qu'on dort debout, on ne s'aperçoit de rien.

Je comprends maintenant pourquoi, à la mobilisation générale, les réservistes sont partis comme un seul homme. Ça ne leur plaisait pas d'aller à la guerre, mais ça les ravissait absolument de foutre le camp de chez eux. A la prochaine, ça sera pareil.

Et les Croisades, comme c'est clair, comme c'est logique ! C'étaient des Croisières, loin de la famille et de l'émouvant pays natal. Il y aurait un joli livre à écrire sur cette immense armée de cocus volontaires qui partaient pour le Saint Sépulchre comme on va au Père Lachaise, et dont la moitié se perdait en route, et surtout sur la Côte d'Azur. Va, va, ils ne se seraient pas perdus en Norvège : pays si cons.

Où est Steve ? Dans mon souvenir, il s'éloigne à une vitesse désolante. Je le vois pâle et gras et souriant. Où est-il ? Pour Marcel, c'est le cinquième frère Marx, une sorte d'américain de Lyon, qui fait des films très épatants on ne sait où ni pour qui. Je languis de les voir tous les deux.

Pour renouer une ancienne tradition, je t'envoie le manuscrit de mon dernier film. C'est un peu un brouillon, sur lequel

Je travaillerai encore en tournant. La
dernière scène, en particulier, sera mieux.
Si tu as un manuscrit à toi, envoie le moi,
ça me fera plaisir.

Je t'embrasse,

Marcel

R... le ... 15
1.16

Marseille
14 Septembre 69

Mon beau Georges,

Je suis désolé de ne jamais te voir,
même quand tu viens à Paris. Le temps
passe aussi vite qu'un spoutnik, et
je viens de franchir le mur de la
septantaine, sans le moindre "bang"
pour m'en avertir. Je vois bien qu'il
faudra aller vous embrasser en Suisse.

Si tu dois venir à Paris bientôt
préviens moi. Mais la montagne ne
veut pas venir au prophète, le prophète
ira à la montagne...

Je t'embrasse

Marcel

P.S. Je continue mes recherches sur le Masque de Fer, et je reçois des centaines de lettres. Presque toutes me félicitent d'avoir parlé librement de Louis XIV, mais trois ou quatre femmes m'injurient violemment. La presse est bonne, mais j'ai été stupide. J'avais conseillé à l'éditeur de ne pas tirer plus de 25 000, parceque les livres d'histoire ne se vendent pas comme des romans, et les vingtcinq mille étaient partis au 14 Juillet... Imprimerie fermée, on retire en ce moment.

Affectueusement
Marcel

Lettre à Georges Simenon (14 septembre 1965). Dans le coin supérieur gauche, note de Georges Simenon : *R. à la main, 16 septembre 65.*

30 Déc. 55

Mon beau Tino,

Nous buvons le champagne à ta santé, et à l'énormité de ton succès, comme si c'était le nôtre. J'ai reçu tes recettes, et je les déguste ! Parfait pour les envieux, les jaloux, les salauds.

Il doit y avoir, derrière certains embouligues, de petites sources de bile bien amère. C'est bien fait, paraque c'est justice !

Je t'embrasse de tout cœur,

Marcel

Lettre à Tino Rossi (30 décembre 1955). Tino Rossi venait de créer au Châtelet *Méditerranée*, une opérette de Francis Lopez qui connaissait un immense succès.

Cette faculté de décomposer deux
nombres premiers en 4, 5, 6   le couple de

avec le 1er, j'en fais 3. + le second = 4
je décompose le second. j'en obtiens 3. au
total, 6.

Si je puis décomposer ces 6 nombres
premiers, j'en aurai 18, qui sont
la somme de deux premiers ~~et la~~ dont
~~somme +~~ la somme est un nombre
pair.

Si je puis faire 32 avec la somme
de 6 nombres premiers, je puis ensuite
les réduire à 2.

$1 + 3 + 5 = 9$

~~1~~ + 3 + 5] + [7 + 11 + 5 . .   +3

1, 3, 5 +   1 + 3 + 7. 5 .

$1 + 3 + 5] + 23$

$1 + 3 + 7] + 5 + 1$

Page de ses notes. Pagnol, passionné de mathématiques, a fait
de très longues recherches sur le théorème de Fermat et sur les
nombres premiers.

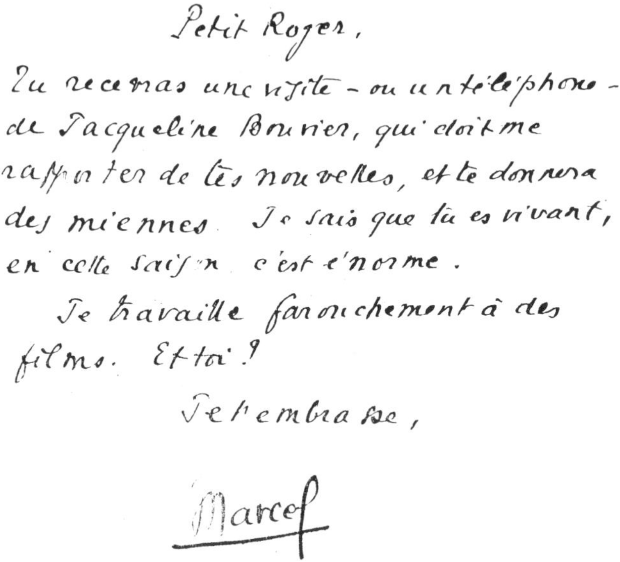

Petit Roger,

Tu recevras une visite – ou un téléphone – de Jacqueline Bouvier, qui doit me rapporter de tes nouvelles, et te donnera des miennes. Je sais que tu es vivant, en cette saison c'est énorme.

Je travaille farouchement à des films. Et toi ?

Je t'embrasse,

Marcel

Lettre à Roger Ferdinand (1944). Roger Ferdinand était vice-président de la Société des Auteurs.

26 Nov. 1950

Mon cher Albert,

Il faut que je te fasse du sentiment. O Albert, et mon affiche pour Topaze ? Cher Albert, pense que ce sera la première illustration de notre prochain volume. O Albert, je t'embrasse, et je t'attends devant de grandes nourritures au restaurant Alexandre, Mardi ou Mercredi, comme il te plaira.

Si tu m'apportes l'affiche, ne me le dis pas tout de suite, mais laisse le moi soupçonner peu à peu.

affectueusement

Marcel

P.S. Topaze s'appelle Albert.

Lettre à Albert Dubout (1950). Pagnol avait commandé à Dubout l'affiche de la troisième version de *Topaze* avec Fernandel et Jacqueline Bouvier.

CREDIT DES PHOTOS

Collection personnelle Jacqueline Pagnol
6-7 (1,2,3,5) 8-9 (1) 12-13 (1,2,3,4) 14-15 (1,2) 16-17 (1,2) 18-19 (1,2)
20-21 (1,3,4) 22-23 (1,2,3) 32-33 (1) 36-37 (3) 38-39 (1,2,3) 40-41 (1,2)
48-49 (1) 50-51 (1,2) 52 (1) 64-65 (1) 66-67 (2) 70-71 (1,2) 82-83 (1) 86-
87 (1,3) 88-89 (1,3) 94 (1) 95-96 (1,2,3) 114-115 (1,2) 116-117 (1,2) 118-
119 (1) 120-121 (1,2) 122-123 (3) 134-135 (1) 138-139 (1,2) 140-141
(1,2,3) 142-143 (1,2,3) 144-145 (1,2,3) 146-147 (1,2,3) 148-149 (1,2,3)
150-151 (1,3) 152-i 53 (1,2) 154-155 (2,3) 156-157 (1,2) 158-159 (1,2,3)
160-161 (3) 162-163 (1) 164-165 (1) 166-167 (3) 168-169 (2)

Les Films Marcel Pagnol
68-69 (2,3) 70-71 (1) 72-73 (3) 84-85 (1,2,3) 90-91 (4) 92-93 (3,4) 98-99
(3,4) 108-109 (1) 118-119 (2) 122-123 (1) 124-125 (1,2) 126-127 (1) 128-
129 (2) 130 -131 (1,2,3)

Photos Roger Corbeau
6-7 (4) 76 (1) 80-81 (1,3) 90-91 (1) 92-93 (1,2) 98-99 (1) 156-157 (3)
166-167 (2)

Reprographie de Marseille
34-35 (1,4) 36-37 (1,2) 38-39 (4) 44-45 (2)

Photos Christian Dresse
10-11 (1) 42-43 (1,3,4,5) 46-47 (2) 48-49 (1,3) 113-114 (2)

Photos-Sports Baudelaire-Marseille
44-45 (1) 46-47 (1,3)

Photos A.G.I.P.
110-111 (1,3) 150-151 (2)

Photos Jeannelle
138-139 (3) 154-155 (1) 164-165 (3)

Photos Lenoir-7 Jours
160-161 (2) 176-177 (1)

Photo Domenech
160-161 (1)

Photos Nick de Morgoli
106-107 (2) 168-169 (1)

Photo « Le Provençal »
174-175 (1)

Documents « Le Cri d'Aubagne »
10-11 (2,3) 12-13 (2,3) 30-31 (2) 34-35 (3) 174-175 (2,4)

Collection Richard Marseille
26-27 (2)

Collection Carlo RIM
42-43 (4) 44-45 (3) 50-51 (3)

Collection Toë
78-79 (1,2) 80-81 (3) 86-87 (2) 88-89 (2) 90-91 (2)

Collection Dazy
54-55 (3) 70-71 (2)

Collection André Bernard
58-59 (1,2,3,4,5,6) 68-69 (1) 82-83 (2)

Collection Giordani
100-101 (1,2,3)

La Petite Illustration
54-55 (4) 56-57 (5) 60-61 (2) 62-63 (2,3)

Bibliothèque de l'Arsenal
66-67 (3) 72-73 (1) 134-135 (1,2)

Roger Viollet
40-41 (1)

Achevé d'imprimer sur les presses de Bernard Neyrolles - Imprimerie Lescaret,
le 25 septembre 1980 – Dépôt légal : 3ᵉ trimestre 1980 – Nᵒ d'éditeur : 1667